足立区のコト。

About Adachi

舟橋左斗子
funahashi satoko

彩流社

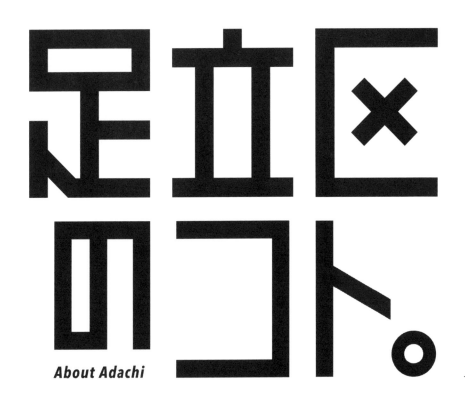

はじめに

足立区と聞いて、皆さんが思い浮かべるものは何だろう。

23区の中でも、新宿区や渋谷区といえばわからない人はいないだろうし、世田谷区といえば何となくハイソな住宅地のイメージ、港区といえば大手企業の集まるお金持ちのまち、墨田区といえばスカイツリー、台東区といえば浅草などの下町、中央区といえば勝どきのタワーマンション群などなど、区の名前を聞いてぱっと思い浮かぶイメージというものがある。

一方、足立区には何があるかと聞かれて、さっと答えられる人はあまりいないだろう。住民でさえ、「えっと、そうだなあ、有名なものといえば西新井大師と……う〜ん……」で止まってしまう人が多いのではないだろうか。スカイツリーや浅草のような象徴的なものや、いわゆる観光地がほとんどなく、しいていえば最近テレビなどで取り上げられることの多い「千住」を足立区のまちだと知ってくださっている方なら「千住」あるいは「北千住」の名前をあげるだろうか。

というわけで、「足立区イメージ」を象徴するものがあまりないために、「治安が悪い」「学力が低い」「ヤンキーが多い」と、何十年来変わらぬ「イメージ」のまま語られ続けられてきたのではないかと思う。でも、その実態は、イメージとちょっと違う。

昨年からブレーク中のＡＮＺＥＮ漫才のみやぞんさん&あらぽんさんが、「足立区」「足立区」と連呼してくれているので、名前だけはちょっと有名になったかもしれない。気のせいか、元祖・足立区有名人、北野武さんもこのところ「足立区」をよく話題にしてるようだし、ライターの大先輩がくれた２０１８年の年賀状にも、「これから足立区と江戸川区が『来る』気がする」って書いてあったし。

この本では、話題じわじわ上昇中の「足立区」の本当の姿に迫る。

序章では、足立区を知らない方のために、地理、歴史、産業をおさらいしている。「それは知ってる」という方は第1章から読み始めていただければと思う。

第1章では、よく言われる足立区イメージの、実際のところを読み解く。治安のこと、貧困のこと、学力のこと、健康のこと、の4つの視点で現状を分析した。

第2章では、足立区のたくさんある「いいところ」の中から、著者の独断と偏見により10の項目を選んで紹介している。私は人物取材が好きなので、第2章では何人かの会いたい人に会いに行き、お話を聞いて、まとめた。

第3章では、区役所は住民票をもらいに行くくらいしか関わりのなかった私が、ある日を境に区の職員になって見た、足立区役所の裏表を書いた。すべてを紹介することはできないので、自分も関わりが深く、特にユニークだと思う取り組みの中から4つを紹介している。

1~3章で計21項目あるが、それぞれの項目はほぼ独立しているので、目次を見ていただいてご興味のある項目から読んでいただいてもOKだ。区外の方は、ご自身のまちに似た項目から読み始めていただくのもいいと思う。

さあ、魅惑の足立区ワールドへようこそ。

＊本書に掲載している情報はすべて取材時のものです。取材時期はそれぞれ異なります。

もくじ◉『足立区のコト。』

第3章 こちら足立区役所です

足立区

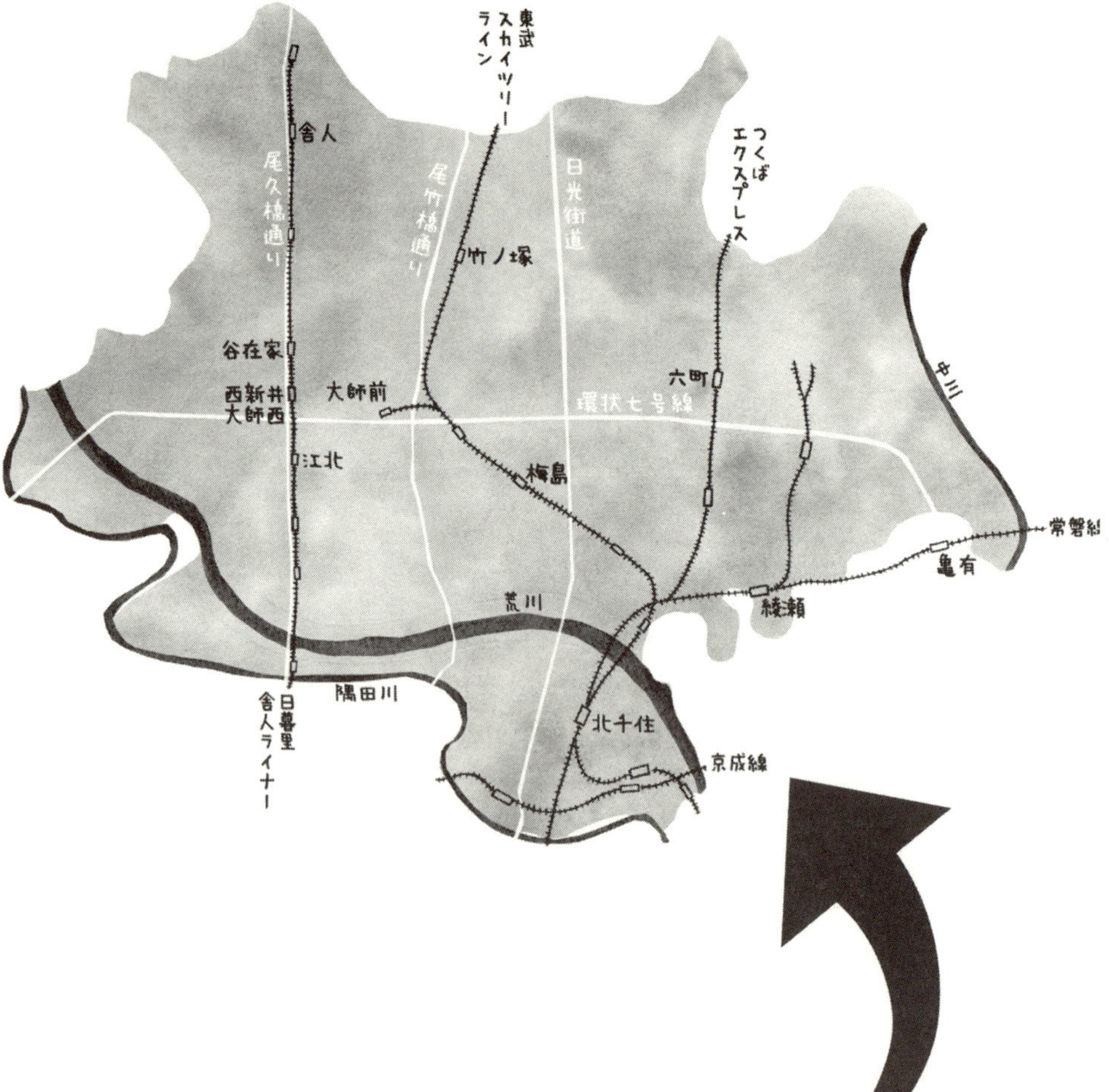
東武スカイツリーライン
舎人
尾久橋通り
尾竹橋通り
竹ノ塚
日光街道
つくばエクスプレス
谷在家
西新井大師西
大師前
六町
環状七号線
中川
江北
梅島
常磐線
亀有
綾瀬
荒川
隅田川
北千住
京成線
日暮里舎人ライナー

東京都

序章

足立区ってどんなところ？

足立区には坂がない。水辺が多い。宿場町として栄えた。東京の穀倉と呼ばれるほどの農産地だった。工場がたくさんあった……。

ここではまず、足立区の地理、歴史、産業を、ざっくり、おさらいしてみよう。

北千住駅前にできた東京電機大学に入学した学生さんが、入学時にアパートを探すにあたって、足立区は治安が悪いと信じていたため、区外に住まいを決めてしまった、でも実際に入学してみたら治安はすごく良かった。事前に情報を知りたかった。この話を本人から直接聞いて、思わず吹き出してしまったのだが、ある意味、愕然とした。笑いごとではないのである。大学生活少なくとも4年の月日を過ごす「住居」を選ぶという人生の大事な選択の基準が、事実とは異なる「イメージ」だったのだから……。

この本では、それら「イメージ」と「実態」を読み解いていきたいと思うが、その前に足立区ってどんな区なのか、簡単におさらいしておきたい。

ちなみに、株式会社マイナビが運営する『マイナビ学生の窓口』が２０１５年7月に調査した、『東京23区で、「え、こんなとこあったっけ？」と思う区』ランキング（対象：社会人男女３３３人／インターネットログイン式）では、第1位　北区　１１０人（33・０％）／第２位　豊島区　35人（10・５％）／第3位　江戸川区　21人（６・３％）／第3位　江東区　21人（６・３％）／第5位　大田区　20人（６・０％）となっており、足立区は入っていなかったので、問い合わせて聞いてみたところ、世田谷区、杉並区と同位で15位とのことである。池袋のある豊島区や、空港や田園調布のある大田区でさえ認知度が低いのも驚くべきことだが、一般の多くの方の認識というのは、そういうものだと思う。何もない足立区がこれらの区よりずっと認知されているというなら、名前の知名度を逆手にとって、アピールすべきチャンスだろう。ここは。

ところで話を始める前に、この本で足立区をご案内する私、舟橋左斗子とは誰なのか、少し

▶東京電機大学 東京千住キャンパス

▶『町雑誌千住』Last号

だけ、自己紹介させてほしい。

私は、大阪生まれ大阪育ち、大阪の学校を出て大阪で就職もしたのだけれど、縁あって結婚を機に東京は足立区千住に引っ越してきた。今から20年以上前になる。引っ越してきたときからこのまちに魅せられ、1996年から、グラフィックデザイナーの大野順子さん（故人）と一緒に『町雑誌千住』というタウン誌を立ち上げ、ペースはゆっくりだっだけど、たくさんの仲間やまちの皆さんの協力を得ながら、千住を歩き回っていろんな人に会って、0号から20号、そしてLast号までをつくってきた。広告代理店勤務を経てフリーのライターとして雑誌記事などを書いていた2010年、足立区役所が23区初のシティプロモーション課を創設するにあたり経験者を公募するという話を聞き、「それ、私かも？」という気がして応募、5年間の任期付職員となり、2015年からは専門非常勤職員として現在も足立区シティプロモーション課に在籍している。足立区が大きく変わる、激動の8年間を一緒に走ってきた。

プライベートでは、昭和初期築の、路地に面した元お産婆さんの家を借り、現在高校生と中学生の子どもたちと夫と4人、千住で暮らす。富山県出身ながら今は近所に暮らす義母にもいろいろフォローしてもらっているのだが、母自身も千住暮らしを満喫している様子がそばで見ていて楽しい。自転車と、バスが無料で乗れるシルバーパスを縦横無尽に使いこなして毎日フットワーク軽く、どこへでも出かけていく。古いものと新しいものが混在する千住をがっつり楽しむ毎日である。

長くなってしまったが、そんな千住LOVE、足立LOVEな私が、自分の暮らしぶりにも一部、触れながら、足立区のおもてとうらをご案内させていただく。

▶路地に面した昭和初期築の筆者の家

地理――広くて平坦。水と緑が多い

6ページの地図で見ていただくとわかるように、足立区は東京23区の中の東側、一番北に位置し、北区、荒川区、葛飾区、墨田区のほか、埼玉県の八潮市、草加市、川口市に接している。面積が広く（53・25㎢）、23区の中でも3位という広さである。[*1]

特に特徴的なのは、ほとんど坂のない、平坦で広大な土地だということだ。関東平野は古代は海だった部分が多いが、足立区北部に残る伊興遺跡の出土品から、このあたりが陸地の最先端に位置し、舟運《しゅううん》を通じて西日本各地との交易の拠点として栄えていたことがわかる。その後、長い年月をかけて河川が運んだ土砂が堆積し、平坦で広々とした肥沃な土地、現在の足立区の地形が形作られていった。

面積も広いので人口も多く、68万5447人（2018年1月1日現在）で、23区では5番目に多い。[*2]

東京を歩いていると、都心でもかなり急な坂がたくさんある。それなのに足立区は、こんなに広いのにとにかく平坦で、自転車でスイスとどこまでも行けてしまう。便利である。チャリ人口も多い。というわけで、余談ではあるが、チャリ人口に比例して（？）自転車の盗難も多くて、長年の足立区の悩みの種でもある。

足立区のもうひとつの特徴としては四方を川に囲まれ、水辺が多いことなのだが、その「川」を渡るときだけ、少々骨が折れる。だいたいの橋は地面から立ち上がってアーチ状になってい

＊1　1位大田区、2位世田谷区

＊2　1位世田谷区、2位練馬区、3位大田区、4位江戸川区

るので、足立区では川の周辺にのみ坂というか斜面がある。江戸期以前からやっちゃばと呼ばれる野菜の市場が千住にあったが、野菜をいっぱい積んだ荷車が隅田川を渡るとき、千住大橋の斜面を押してくれる「立ちん坊」という職業があったぐらいそうだ。

そんな、平坦で広大な足立区。肥沃な大地には今でも農地が多く、区立公園の面積は23区で一番広い。区立公園以外にも、舎人《とねり》公園や東綾瀬公園など充実した広い都立公園、広い河川敷もあって、都心でありながら緑と公園の多い区である。

歴史と産業

千住宿と、荒川のこと

歴史的に見ると、江戸時代、足立区には、江戸四宿のひとつ、千住宿があった。

江戸四宿というのは、日本橋を起点として、江戸と地方をむすぶ5街道の最初の宿場町であり、品川宿、板橋宿、内藤新宿（現在の新宿）、千住宿、の四宿を指す。御府内と呼ばれた江戸の内側と外側を区切るあたりに四宿がある。へえ、そうだったの、と思われる方もいるかもしれない。しかし、江戸四宿は実は江戸の中で、非常に重要な役割を果したまちだった。

江戸というのは18世紀には人口１００万に達する、当時世界最大の都市であった。それほどの大都市の莫大な物資、人、通信、それに文化の出入り口が、４つしかない、ということ。それは実に重要な事実である。江戸の御府内の町々が、どっしりと構えて日々を営んでいたとし

▶広大な荒川河川敷

たら、四宿は常にものや人、文化が出入りし、動いているまちだった。そして、何かと縛りの多かった御府内に比べ、自由闊達な空気があったという。

とりわけ千住は、江戸以前より「市場」があったため、江戸の流通の要のひとつともいえるまちだった。

天保14年（1843年）の江戸四宿の比較

	家数	人口	男	女	旅籠屋	本陣	脇本陣
千　住	2370	9956	5005	4551	55	1	1
品　川	1561	6890	3272	3618	93	1	(2)
内藤新宿	698	2377	1172	1205	24	1	
板　橋	573	2448	1053	1395	54	1	1

（出典）「宿村大概帳」（逓信総合博物館蔵）より

徳川家康が江戸に入って間もなくの文禄3年（1594年）、隅田川に最初に架けた橋が千住大橋。幕府は江戸を守るという理由で、以降70年近く隅田川に橋を架けなかった。次に架けられた橋は万治2年（1659年）の両国橋である。そういう意味でも、千住を通る日光街道(旧)は江戸から東北方面に向かう唯一の街道として重要だった。

四宿のなかでは、旅籠の数でいうと品川宿がダントツに多く93軒、以下千住宿55軒、板橋宿54軒、内藤新宿24軒と続く。しかし、家の数、人口で比べると、千住宿がとび抜けて多い(上表)。四宿の他のまちと少々異なり千住は、宿泊や遊興の地としてよりむしろ、市場を抱え、商業のまちとして栄えた。商家の繁栄は、絵師を抱え、調度品に惜しみなく金を注ぐ旦那衆を生み、掛け軸や屏風の絵、あるいは茶の道具などを通じて、芸術・文化をも発展させた。近年美術界で話題になった「千住の琳派」ほかさまざまな美術品や豊かな文化を後世に伝えている（114ページコラム参照）。

現在の足立区の中で都市機能をもって発達してきたのは、隅田川べ

▶千住宿の（復元）模型（北千住マルイのビル10階で見られる）

▶市場を再現した郷土博物館の原寸大模型

りに発展した千住だけで、あとは主に農村地帯である。当時の隅田川は大荒れに荒れ、度重なる洪水の被害をもたらし、荒ぶる川、荒川と呼ばれていた。特に明治43年（1910年）の大雨は沿岸のまちに甚大な被害をもたらしたという。これをきっかけに明治44年から調査が始まり、大正2年（1913年）から10年以上の年月をかけて人の手によって掘られたのが、荒川放水路、現在の「荒川」である。つまり、あの、金八先生が歩いた荒川は、人工の川である。今、足立区民の心のよりどころでもあり、東京で川のあるロケ地といえば多摩川か荒川かと検討される東京の2大河川ともいえるほどであるが、何と人工の川なのである。

私は、両親が荒川を掘るために千住に引っ越してきたというおばあちゃまと会ったことがあるが、たしかに10余年をかけての大工事なのだから、仕事を求め近隣に引っ越して来た人もたくさんいたのだろう。あの大河川を人が掘ったのかと思うと想像を絶するといおうか、ありがたいといおうか。川底に沈んだ家は約1300戸、掘削に関わった人はのべ約300万人と記録に残る。川の中に沈む家を曳き家あるいは解体して運んだ家族も少なくなく、そうやって守られてきた家が、今もいくつか残り、美しいたたずまいを見せている。

荒川が完成したのが大正13年。日光、あるいは東北方面へと続く日光街道に沿って発展してきた千住のまちの北側の一部が荒川の底に沈んだ。

千住のまちは荒川ができたことによって、隅田川と荒川に囲まれたコロッとしたユニークな地形のエリアとなり、古いものが比較的残って来たのも川で分断されて守られて来たお陰ではないかと言う人もいる。この地形を「島」と呼ぶ人もあり、レモンのような形と言う人もあり、その他、胃袋だとかみじんこだとかいろんな比喩がなされている（6ページ地図参照）。

▶千住大橋

▶荒川放水路掘削のとき一度解体して今の場所に運ばれた冨澤家

農業地帯、そして住宅地へ

そして、足立区南端の千住から、人工の荒川を隔てた北のエリアは、河川による水にも恵まれた平坦で肥沃な、広大な土地を生かし、しかも江戸という消費地を間近に置いた豊かな農業地帯として発展してきた。

特に江戸時代は、幕府直轄地の渕江《ふちえ》領として多くの新田開発がなされ、慶長年間（１５９６～１６１５年）から寛永年間（１６２４～１６４４年）にかけて、約20カ村の新田が開墾された。今も都内では農業が元気な区のひとつであるが、古くは「江戸の米どころ」、その後も昭和40年頃までは「東京の穀倉」とも呼ばれるほどのコメの生産地だったそうだ。が、徐々に、面積あたりの収穫量の高い、つまり効率の良い農作物へと栽培品目は変わって行く。

花卉《かき》栽培も長い間さかんで、特にチューリップ農家は多かったという。なかでも大正５年（１９１５年）に足立区島根の鴨下金蔵氏が手掛けた球根の冷蔵によるチューリップの促成栽培は話題となり、「足立のチューリップ」として全国的にも有名になった。今ではチューリップ農家は少なくなってしまったが、そのような歴史をふまえ、１９８２年（昭和57年）にチューリップは「区の花」に制定された。

現在、足立区の農地面積は55・９haで、すでに区の総面積の約１％にしかすぎないが、23区では練馬区、世田谷区に次ぐ３位の広さである。多く栽培されているのは小松菜（都内３位）や枝豆（都内２位）、切花（島しょ部を除く都内１位）など（２０１７年３月時点）。アサツキや木

▶小松菜

の芽（サンショウの若芽）、ムラメなど、つまものと呼ばれる高級香味野菜も足立の特色ある農産物のひとつだ。

農業地帯として発展してきた足立区の多くのエリアは、特に高度経済成長期の、都市部への大量の人口流入により多くが宅地化されていく。足立区の人口がもっとも急激に増加したのは、昭和39年の東京オリンピックをはさむ昭和30年（１９５５年）頃から昭和45年（１９７０年）頃まで。昭和30年に32万人余だった人口が、昭和45年には56万人余と倍増している。

この人口急増期、昭和30年頃からの足立区では、多くの集合住宅、団地、そして工場や倉庫などが建設されていく。地方から東京に流入して来た人たちの住まい、そして働く場を、足立区は担って来たのである。

このころ多くの都営住宅を受け入れたことが、良し悪しは別にして、足立区に世帯収入の低い家庭の増加をもたらし、貧困の問題を抱える発端となった。現在の都営住宅の戸数を比較してみると、足立区が約３万１０００戸と、他区に比べてダントツに多いことがわかる（下図）。

たまたま足立区に平坦で広大な土地があったことにより、多数の都営住宅を受け入れてきたのである。同時に工場や労働者たちが流入し、まちは活力にあふれた。人口急増とともに学校の建設も進み、その後の統廃合を経た現在でも、区立小学校・中学校は合計１０４校あり、23区で最も多い（２０１7年5月現在）。

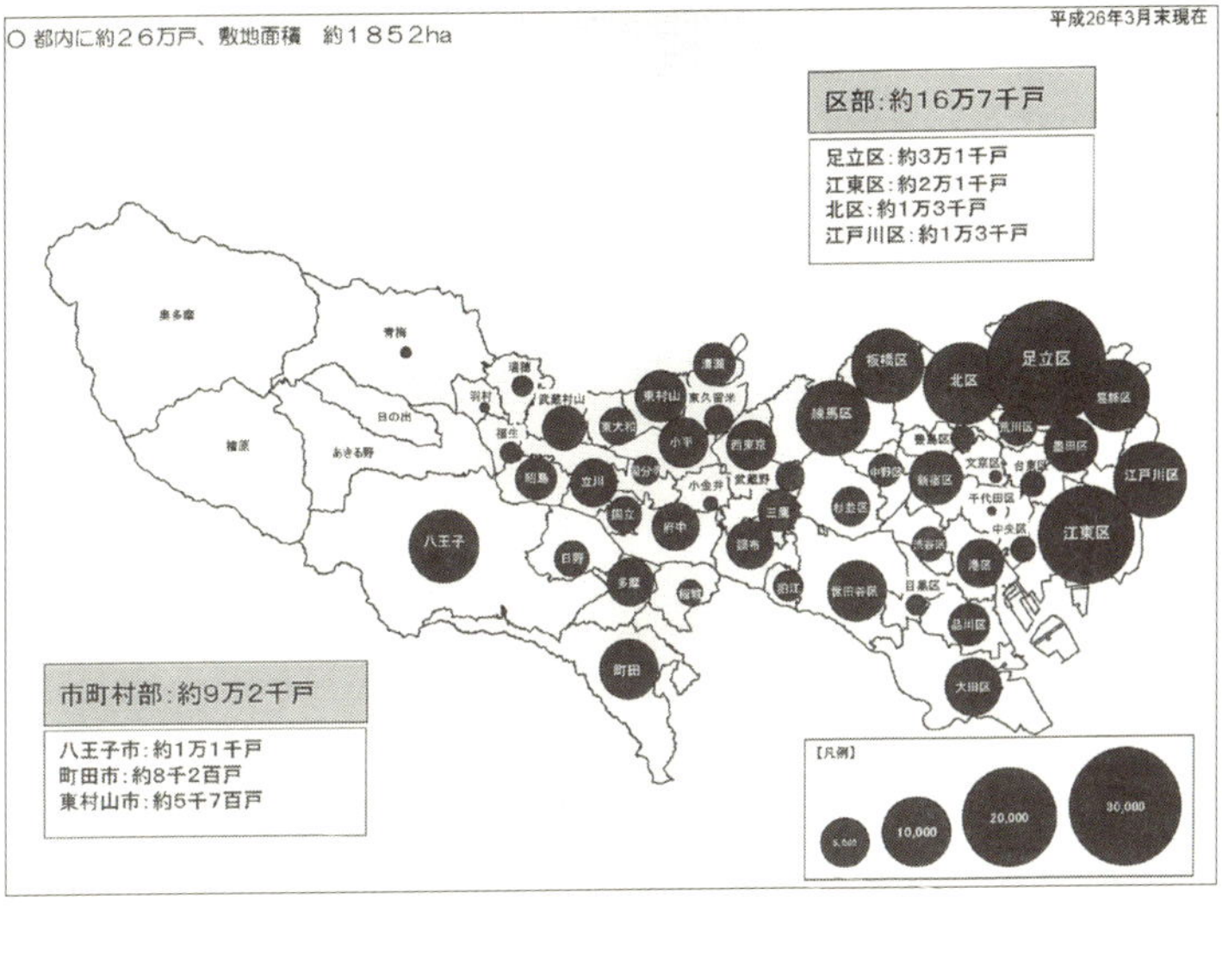

▶都営住宅の管理戸数（東京都都市整備局ウェブサイトより）

人やモノが行き交う宿場町を有した足立区は、昭和の時代にも人やモノを受け入れ、動くまちとして発展を続けてきた。

車や列車が発達する前の主な輸送手段だった舟運を隅田川が担って来たので、隅田川沿いには古くから人が暮らし、職人たちが住み、手仕事を育ててきた。足立区も他の東京東部のまちと同様、職人の手仕事がさかんで、その後も、東京東部の工業地帯の中で、多くの町工場がつくられ、技術のあるまちとして発展してきている。

物流の拠点、足立

前項に関連してもう一点、足立区の産業の中で特筆しておきたいのが物流だ。足立区は今も、東京でも屈指の運輸業が盛んな区である。

東京は、全国の物流の拠点であるが、中でも足立区を始めとした東京東部は、古くから陸上輸送の拠点として発展してきた。１９７７年（昭和52年）につくられた足立トラックターミナルは、京浜（大田区）、板橋、葛西とともに東京の４大トラックターミナルのひとつであり、1日に約１７００台が出入りする大きな規模だし、足立区の運輸業・郵便業事業所数は、23区の中でも、大田区に次いで2番目に多い（２０１４年総務省統計局データより）。

前述のように、歴史的にも足立区は、川を有し、江戸という一大消費地を控える生産地に接していたことで、物流の要となってきた。千住宿の時代から他の三宿とは少し異なり、市場をひとつの核として発展してきた宿場町であり、宿屋より問屋が多い流通のまちだった。

古くは大小の河川が重要な輸送路に使われてきたし、江戸時代の五街道のひとつ日光街道（日光道中）は、その後、国道4号線へ、脇街道の水戸街道は国道6号線へと姿を変え、いつの時代も、足立区は江戸・東京から東北方面への交通網の集約・中継地となってきた。

足立の交通と、平成の再開発

物流の拠点となり、鉄道や道路が多数通っているということは、つまり、人の往来の要ともなっているということである。

江戸のころは千住宿として人馬の往来を受け入れたが、現在の北千住駅は、世界第6位の乗降客数を誇るターミナル駅である。ちょっと前にネット上で話題になっていた記事からの抜粋ではあるが6位とは、意外に思われる方も多いのではないだろうか。世界第6位といっても乗降客数上位はすべて日本の駅なので国内6位ということなのだが、それにしても1位は想像通りの新宿駅、2位渋谷駅、3位池袋駅で、大阪駅・梅田駅、横浜駅、そして北千住駅と続く。ちなみにその後は、名古屋駅、東京駅、品川駅で、北千住駅は東京駅や品川駅よりも乗降客数が多いのである。

他のデータからも見てみると、東京メトロ北千住駅は1日平均29万1464人の乗降人数で、東京メトロ各駅の乗降人数ランキング3位に位置する*（2016年度）。JR常磐線、地下鉄千代田線、日比谷線、東武スカイツリーライン、つくばエキスプレスの5線に、地下鉄半蔵門線も乗り入れる北千住駅。千住地域にはこのほか、京成本線の千住大橋駅、京成関屋駅、東武ス

*1位　池袋駅、2位大手町駅

カイツリーラインの牛田駅、堀切駅があり、1968年（昭和43年）までは都電の駅もあったし、こうやって見ると、東京のひとつの重要な交通の要所ともいうべきまちなのである。

千住地域にさまざまな路線が乗り入れる一方で、広大な足立区内は住民にとって、長い間、交通の便がかなり悪いエリアを多く擁してきた。それが、つくばエキスプレスの開通（2005年）に続き、これまでまったく鉄道がなく「陸の孤島」なんて陰口をたたかれていた足立区西部のエリアを南北にすぱっと走る日暮里・舎人ライナーが開通（2008年）。鉄道のない場所を縦横に走るコミュニティバス「はるかぜ」の整備もあいまって、交通の便が格段によくなった。

また、高度経済成長期に、工場であったり社員住宅であったりと広い敷地で使われて来たいくつかの場所が再開発され、足立区の核となるような場所に変貌している。

たとえば、西新井駅西口エリアの日清紡績工場跡地（約13ha）が、大規模マンション群と商業施設に、新田エリアのトーアスチール工場跡地（約65ha）が、大規模マンションや学校、公園などに、千住大橋エリアのニッピ工場跡地（約12ha）が大規模マンション群や商業施設に（開発中）、そして北千住駅前にあったJT社員住宅等跡地（約2・65ha）は、6000人以上の学生を抱える東京電機大学へと姿を変え、近年まちは大きく動き始めている。

足立区では、戦略的に、そして積極的に大学や病院の誘致に動いており、この後もUR花畑団地の敷地内に文教大学、江北《こうほく》エリアに東京女子医大・東医療センターと、重要な施設が足立区内に誕生する予定である。

▶足立区を南北に走る日暮里・舎人ライナー

第1章

足立は本当にヤバイのか

治安が悪いとか学力が低いとか、世間でささやかれるウワサは本当なのか。
この章では、数字も読み解きながら、足立区の実態に迫ってみたい。

治安が悪い？

「足立区？　危なくないの？」

大阪から意気揚々と足立区に越してきた約20数年前、当時まだかろうじて「若い女性」のくくりに入っていた私にそんなことを言う人は少なくなかった。そのころ足立区は、何となく「治安が悪そう……」と思われていたというのは否めない。特に私は広告・出版の業界にいたので、業界の上京組はほとんどが東京の西側に住居を選んでおり、東京の東側には「あんまり来たことがない」という人も多く、「足立区の千住に住んでいる」と言うと、ぜんぜん知らないくせに、「なんで足立なの？　大丈夫？」とか「マニアックだね」とか「変わってますね」とかずいぶんズバズバと失礼なことを言われたものである。

関西で生まれ育っているので、足立区の治安について正直なところよく知らなかったが、暮らしてみると、少なくとも千住は人通りが多く危険と感じるエリアがまず少ないし、治安は「非常に良い」というのが当時から変わらぬ印象だ。子どもが生まれてからは、子どもたちに声をかけてくれる地域のおじさんおばさんも多く、3歳から近所のパン屋さん、豆腐屋さんに「初めてのおつかい」に何の心配もなく送り出すことができ、なんと安心して子育てできる環境かと思ったものだ。まったく、どいつもこいつも足を運びもしないで噂に翻弄されて好き勝手なことを言って、失礼しちゃうわと、よく夫相手に憤慨したものだ。

しかし、実際の犯罪件数はどうだったのか。

刑法犯認知件数ナンバーワンからのスタート

憤慨しておいて恐縮だが、たしかに以前は、足立区の刑法犯認知件数は、23区トップを走り続けていた。たとえば約10年前にあたる2006年を見れば、足立区の刑法犯認知件数*は1万3384件と、23区でダントツの一位だった。

だが少し、言い訳もさせて欲しい。たしかに件数だけを見れば多かったのはまぎれもない事実で弁明のしようもないのだが、足立区は、面積が広いのである（23区中3位）。そして、人口も多いのである（23区中5位。いずれも2018年1月1日現在）。面積も人口も多いのだから犯罪件数も比例して多いのは仕方ないのではないか。

2006年当時の刑法犯認知件数は23区で一番多かったが、面積割や人口割にすれば多いわけではない。しかも、1万3384件の刑法犯認知件数のなかで一番多い犯罪は、自転車の盗難。その数3767件と、実に28％、約3割を占める。刑法犯と言われて殺人や凶悪犯罪を思い浮かべる人も多いが、実際のところ、足立区の刑法犯認知件数をトップに押し上げているのは自転車の盗難なのだ。もちろん自転車の盗難だって決してほめられた話じゃないけれど、「ちょっとだけ借りていこう～」的な出来心で起こしてしまった軽犯罪が、人々に、足立区を犯罪の温床のように言わしめているのである。納得できない。

悔しい私は、飲み会の席などで区長と同席することがあると、「住民1人あたりの犯罪数は決して多いわけじゃありませんよね。そこのところをもっとPRしましょう」なんて言ってみたものだが、「そんな言い訳をいくらしても、世間は数字しか見ないものよ。総数そのものを

＊刑法犯認知件数＝発生刑法犯罪のうち警察署へ届け出のあった件数

減らさないことには、イメージは変わらないのよ」と一蹴された。すでに２００８年から腹を決めて「刑法犯認知件数」を減らすことに取り組みはじめていた足立区のまい進は加速するばかり。

２０１０年から足立区の職員となった私も、いつしかこの動き「ビューティフル・ウィンドウズ運動」に前のめりにのめり込み、仕事では、縦割りと揶揄されがちな行政としては当時非常に珍しい取り組みだったと思うが、さまざまな部署と横につながりながら犯罪数削減にチャレンジし、家庭では「美しいまちは安全なまち」なんだからとわが子に呪文のように唱え続け、家の前で子どもたちとシャボン玉やチョークでお絵描き、三輪車からスケートボードまで、路地遊びを楽しみながらゴミ拾いをしたりして、公私共に、この新しくてチャレンジャブルな足立区の挑戦に取り組んでいった。

もちろん行政が言わなくても、子どもがチョークを持って地面にお絵描きしている目の前にタバコの吸いがらが落ちているなんていうのは母としてはとても嫌なことなわけだけれど、文句を言うだけじゃなくて、人がポイ捨てしたごみや吸いがらも、近隣限定とはいえサクサク拾ってしまう体質が身についた気がする。自分が気持ちよくいたいから、というだけでなく、ごみを拾う行為が、わがまちを「美しいまち」に、引いてはまちの「安全」にまでつながると思えば、やる気も起きるものだ。

誰に何を言われようと、トップが腹を据えて約10年間、一秒たりともぶれることなく陣頭指揮を執ってくれたおかげで、いや、その間いろいろなことがあったけれども、今、驚くばかりの結果が続々と出てきている。

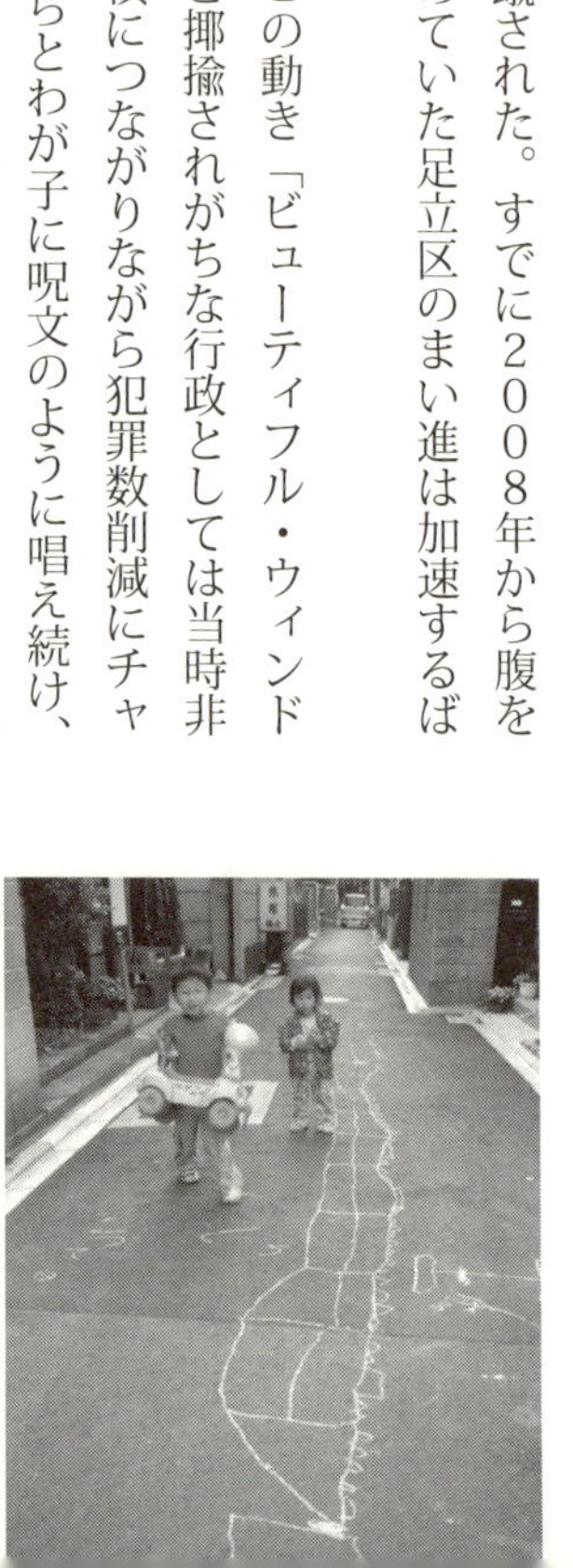

▶路地遊び

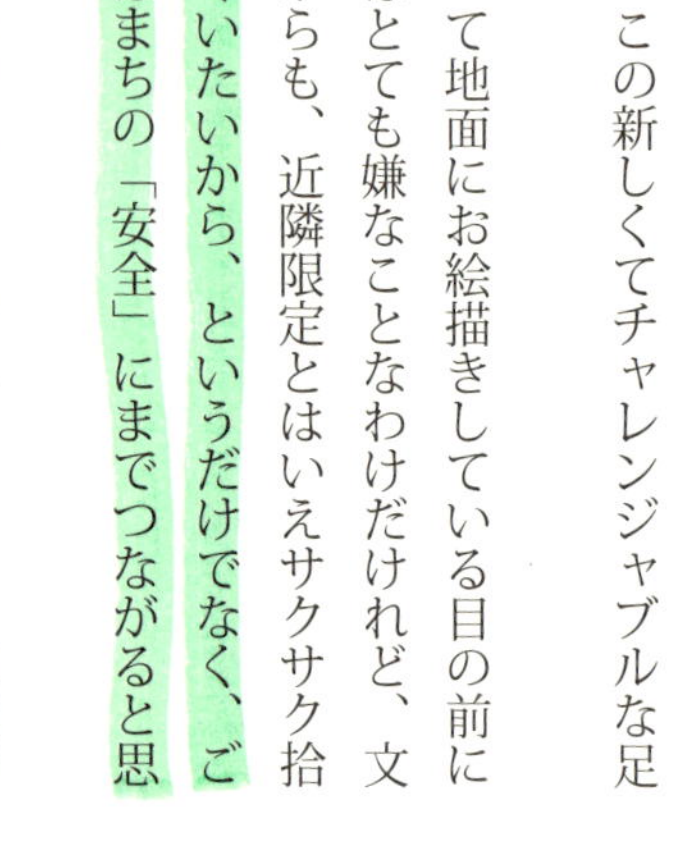

▶ご近所の美容師のママが路上散髪もしてくれた

あの、ダントツ一位だった刑法犯認知件数はどんどん減少、2016年現在6519件。2010年よりワースト1を脱却した。とはいえ、一筋縄ではいかなかったこの間の紆余曲折ついては、3章で詳しくお話したい。

治安が悪いイメージはどこから？

実際の犯罪件数についてはそうなのだが、足立区が実際以上に「治安が悪い」イメージを固定化させてきた理由は何なのか。

約30年前の新婚時代に足立区の綾瀬に住んでいた現在50代の知人と話をしていたら、彼はこんなことを言う。「実際ヤバかったよ。綾瀬の駅前に目つきの悪い若者がたむろしてるからって、駅から5分のところに住んでたのに嫁さんがタクシーで帰って来たからね。環七より北なんて危なくて、何されるかわからない場所だった。暴走族のヤツらのスタイルがジャージでコンビニの前にたむろってウンコ座り、シャコタンの車だった」。で、何かされたの？　と聞いてみると、されたことはないとのことである。う～ん、やはりイメージ？

30～40年前、自分自身が中学生だったころから日本の学校は荒れはじめ、学校崩壊、校内暴力、非行、ツッパリなんて言葉が出てきて、長いガクランや長いスカートの友達はたくさんいたし（私も多少長かった）、学校のガラスが割られただの他校の生徒と喧嘩しただのタバコを吸ってただの、子どもたちの「武勇伝」は私の生まれ育った大阪のまちでもそこらじゅうで聞いた。足立区千住を主なロケ地としたTBSドラマ『3年B組金八先生』でもたっぷり描かれたように、東京でも足立区ももちろん、新宿でも渋谷でもどこでも子どもたちは暴れていた。

貧困層が比較的多い東京東部の子どもたちのやんちゃぶりはもちろん半端ではなかっただろう。東京東部の暴走族がつけるナンバープレートは、足立区だけでなく、台東区、江東区、墨田区、荒川区、葛飾区、江戸川区にまたがり、すべてがいわゆる「足立ナンバー」なので、東京東部のやんちゃな若者の噂を「足立」という言葉が一手に引き受けてしまった部分があるだろう。足立ナンバーが来たら逃げろと言われていたと前出の知人は言っていたが、足立ナンバーのせいで足立区は誇大広告されてしまった。

そして、その誇大広告を決定づけ固定化させたのがたぶん、1988~89年の「女子高生コンクリート詰め殺人事件」であろう。少年たちが複数で起こした事件で、あまりにも恐ろしい内容で衝撃的すぎたので、「足立区」という地名がいつまでも人々の記憶に残ることになってしまった。一定の条件が揃えばどこでも起こる可能性のある事件だったと思うが、その発生地がたまたま足立区だったことから、過去の誇大広告がベースとなり、その後、足立区で何か事件が起こるとその大小に関わらず「やっぱり足立区」とささやかれ、「治安が悪い」イメージが上塗りされていった。

少年たちのやんちゃぶりは今

念のためと思って、警視庁の統計（2015年）の犯罪少年（刑法犯）の検挙人数（警察署別）を調べてみると、総数は足立区内の警察署の検挙数が269件で、残念なことに23区中1位だった。刑法犯認知件数の総数は、前述のように劇的に減っているが、少年の刑法犯検挙数はまだまだ多い。ほぼ同数で江戸川区（２６８件）、そして大田区（２３７件）、渋谷区（２４５件）が続く。面積も広いし、人口も多いので、刑法犯認知件数と同様、いちがいに多いとはいえないと言いたいところだが、文京区の検挙数18というのを見ると、少年たちの置かれている状況にまだまだ改善すべき点があるのだろうという気がした。

ただ、２０１７年に発行された『これでいいのか東京都足立区』（昼間たかし編／マイクロマガジン社）では、「おとなしくなる足立区の少年少女」と題して補導少年少女の内訳を分析してくれている。

足立区の変化は少年少女にも及び、補導件数は多いけれども昔と比べるとかなり減っていると分析、「元々『足立区の子どもは不良のヤンキー』なんていわれていても、その実態は夜中チャリンコを乗り回してせいぜいタバコを吸っているくらいだったものが、今ではタバコすら吸わずにウロウロするだけなのだ」「マジものの犯罪である窃盗は半減、傷害こそ微減だが、カツ上げなんぞほぼ絶滅し、もはやチャリ泥すらしないのが、足立区の『悪ガキ』なのである」と書かれている。酷評本でも酷評のしどころが激減しているのは、良かった、良かった。

子どもは程度にもよるが、私は多少悪ガキのほうが好きだ。以前、某区の幼稚園児を取材したとき、「ごきげんよう、さようなら」とにこやかな笑顔で挨拶されて、かわいいというよりちょっと気持ち悪かった経験がある。あんまりにも大人に飼い慣らされているというかいい子過ぎて、「ち●ち●ぶらぶらソーセージ～」と叫び続け、大人に「やめなさい～」と追いかけ回らせている足立区の子どもに早く会いたいよ～と思ったものだ。

貧しい？

足立区島根で生まれ育ったビートたけしさん（北野武さん）が『たけしくん、ハイ！』の中で書いているような、友達にも会いたくないようなボロ着や、身体検査で恥ずかしくて服を脱げない……そんな目に見える貧困は、現代日本にはほとんど見られないわけだけれど、今は形を変えて所得格差は広がり、決して余裕のない生活を余儀なくされている人は確実にいる。

「たけしくん」の時代には多くの人が貧困だったので互いの貧困はオープンだったし、一緒に乗り越えて来た部分もあるだろう。特に足立区は根っからのおせっかいタウンだったので、醤油の貸し借りにとどまらず、ご近所と一緒になって子育てもしてきたのだと思う。

たけしさんのお兄さんで、今も足立区に愛着を持ち暮らしている淑徳大学名誉教授の北野大《まさる》さんに以前インタビューさせていただいたとき、北野家のお母さんがものすごく「おせっかい」だったという話をしておられ、そのエピソードの数々に当時の足立区の地域社会の様子を垣間見て感動した（39ページインタビュー記事参照）。私は大阪の下町で昭和の時代に生まれ育っているので、この足立区の感覚は共感できる。

オープンに、助け合って生きて来た昭和の時代と違って今は、個人のつらさや貧困が目に見えず、うちにこもってしまうという点でより深刻なのかもしれない。着ているものにさほど差があるわけではないし、たとえ困っていても、周りにはあまりわからない。

今も、貧困は足立区が抱える課題のひとつであることは間違いない。いくつかの数値から見てみよう。

歳入、歳出ともに23区ナンバーワン

まず、2014年度の23区の財政状況を見てみると、歳入、歳出ともに、足立区は23区で一番多く、歳入が2720億6930８円、歳出が2655億6630０円である。

あれ？　貧しいって話だったんじゃないの？　と驚かれるかもしれないが、東京23区には、税収のほかに「特別区財政調整交付金」というものがある。東京23区はひとつの大都市地域として上下水道等、一体的に処理する事業もありながら、23の基礎自治体から構成されているため、23区の区税の一部を東京都が取りまとめ、23区に再配分するという仕組みである。

これには、23区間の行政水準の均衡が図れるよう財源を調整する役割がある。そのため特別区財政調整交付金を多く受けている区と少なく受けている区があり、足立区は23区で一番多い1019億2610７円を受け取っている。これが足立区の歳入の37・5％を占める。

足立区は人口も多いので総額で多いのはもちろんのことだが、人口が多くても、たとえば23区人口トップの世田谷区では、特別区財政調整交付金は462億5131７円で歳入の17・4％、むしろ区税収入が1132億7983６円で歳入の42・6％を占める。それとと比べれば、足立区の区税収入452億9946９円（歳入の16・6％）がいかに少ないかがわかるだろう。

ただし、特別区財政調整交付金の歳入に占める割合は、足立区より多い区もあり、荒川区41・0％、葛飾区40・0％となっている（東京都総務局行政部区政課「平成26年度　特別区決算状況」

を引用)。

この足立区の歳出の半分以上、55・4%を占めるのが「民生費」である。民生費とは、福祉などに支出される費用で、生活保護に関する費用、高齢者福祉に関する費用、障がい者福祉に関する費用、児童福祉に関する費用などである。

東京都の都営住宅の約2割が足立区にある

「東京23区はひとつの大都市地域として一体的に処理する事業がある」と先ほど書いたが、序章でも紹介したように、足立区は都営住宅を約3万1000戸と、他区よりも格段に多く引き受けており、その数は23区全体の都営住宅の18・7%、つまり2割近くを占める。足立区に暮らす約32万世帯の約1割が、都営住宅に暮らす計算となる。

都営住宅管理戸数
(平成24～27年度末)

区名	個数(戸)
千代田区	292
中央区	1,453
港区	4,985
新宿区	7,116
文京区	563
台東区	921
墨田区	6,589
江東区	20,333
品川区	3,442
目黒区	659
大田区	6,485
世田谷区	6,166
渋谷区	2,443
中野区	2,258
杉並区	3,134
豊島区	1,345
北区	13,794
荒川区	4,070
板橋区	11,059
練馬区	12,465
足立区	30,677
葛飾区	11,682
江戸川区	12,768

(都都市整備局総務部企画経理課「事業概要」より)

ご存知のように、都営住宅に住むには所得制限がある。厳密にはいろいろな条件があるが、基準の所得金額として、4人家族なら年収303万6000円、1人世帯なら年収189万6

０００円が上限なので、都営住宅が多い足立区は、低所得世帯を多く受け入れているということになる。

この約３万世帯と重なる部分も多いと思われる、生活保護を受けている世帯数は1万８７２４世帯（平成27年『数字で見る足立』より）。生活保護費の23区比較を見つけたので他区と比べてみると、やはり23区で一番多い約４６９億円（東京都福祉保健局生活福祉部資料より）。二番目に多い江戸川区の約３７８億円を大きく引きはなしてのダントツ1位だ。

足立区で、ボトルネック的課題のひとつを「貧困」とせず「困窮の連鎖」としているのは、親の貧困が次の世代に引き継がれていくことに特に課題を感じているからだ。親の収入に余裕があると、塾に通わせたり本を買い与えたりすることもでき、私立の学校や大学にも通わせることができ、結果的に子どもの高学歴・高収入に結びつく。同様に、逆も連鎖しがちである。この負の連鎖を断ち切り、たとえ親が貧困であっても子どもたちに十分なチャンスを与えたいと、足立区は正面から取り組みを行っている。

ついでに、ネット上のランキングがよく話題になる「年収」についても見ておこう。

内閣府が調べている、「納税義務者一人当たり課税対象所得」を平均年収と見ると、足立区は３２４万円である（２０１３年）。この数字は23区で比較すると23位。22位は葛飾区の３３３万円、21位は北区の３４３万円。これらの数字はもちろん地方都市と比べるとはるかに高く、首都圏ならではの金額であるが、都営住宅が多い前述の状況であるので、23区で比較して平均年収が低いのは当然であろう。

これらが足立区の現状である。

学力が低い？

足立区が語られるときに、イメージだけで「子どもの学力が低い」と言われることが、いちばん腹が立つ。足立区は広いのでいろんな子どもがいる。それはどの区でも同じだ。学力の低い子もいて、高い子もいる。そして平均すると、学力テストの結果が、都平均、全国平均より少しだけ低い。いや、低かった。だからといって、足立区の子どもが全部バカのように言われるのはものすごく心外だし、そういうかたよった噂を足立の子どもたちの耳に入れたくないと思う。早稲田大学に入学した女子学生が、出身が足立区だと話すと「足立区からよく早稲田に入れたね」と言われてショックを受けたと話しているのを聞いたことがあるが、イメージというのは恐ろしい。

私は区内に住んでいるので、子どもたちの顔が思い浮かぶ。自分の家のまわりの子どもたちだけでなく、仕事でも区内のいろいろな学校を訪れるのでむしろ、なんて素直で素朴な子たちが多いのだろうと感じている。頭はいいけれど何となく斜に構えた、そんな印象を受ける子どもたちもいるが、あだちっ子は少し違う。子どもらしく明るい印象で、足立区の子どもたちの特徴といえば、特に音楽とスポーツ分野に打ち込み、実際の成績もあげていることだろう。詳しくは2章を読んでほしい。

学力について、見ておこう。

中学校では２００５年から、小学校では２００４年から、東京都が都独自の学力テストを行うようになったが、当初、足立区の子どもたちの学力調査結果は23区で最下位だった。その調査結果そのものよりも、その後の学力テストの際に、教員がテスト中に子どもに指さしで間違いを知らせるなどの不正があったことがマスコミで取り上げられ話題となったことが記憶に新しい。学力は足立区の教員にとって何とかしなければならない課題であり、強い思いを持つ教員が思わず、行動を起こしてしまった、残念な出来事だった。

その後、足立区は子どもたちの学力アップのためにさまざまな施策を打ってきたが、２０１１年度からは「学力定着プロジェクト」と称して、本腰を入れて子どもたちの学力を上げるための取り組みを多面的に行ってきている。このため、データもきちんと分析してきているので数値を見てみたいと思う。以前は、それなりの差があったが、取り組みの成果が徐々に表れてきていることがわかる。

平均正答率（小学６年生）（単位：%）

年度	対象	国語A	国語B	算数A	算数B
2009（参考）	足立区	68.1	48.5	77.1	53.1
	東京都	71.6	53.6	79.7	58.7
	全　国	69.9	50.5	78.7	54.8
2014	足立区	75.4	55.5	79.4	57.8
	東京都	75.5	57.2	79.4	61.2
	全　国	72.9	55.5	78.1	58.2
2015	足立区	71.1	65.2	76.9	45.1
	東京都	72.3	66.5	77.4	47.8
	全　国	70.0	65.4	75.2	45.0
2016	足立区	73.2	57.0	77.9	47.9
	東京都	73.8	59.8	79.4	49.8
	全　国	73.0	58.0	77.8	47.4

＊問題A：主として「知識」に関する問題
＊問題B：主として「活用」に関する問題
（出典）文部科学省「全国学力・学習状況調査」

小学6年生の国語と算数、それから中学3年生の国語と数学で見てみよう。２００９年度は、足立区の小6、中3の子どもたちの正答率は、全国平均、都平均よりも低い。

2009年度のデータを見ると、小学校で、実生活に不可欠とされる国語Aの正答率が全国平均69・9%、都平均71・6%に対し、足立区は68・1%である。活用する力を測る国語Bでは、全国平均50・5%、都平均53・6%に対し、足立区は48・5%とやや大きな差がある。算数も同様だ。中学校ではさらに差が広がっている。

しかし、「学力定着プロジェクト」がスタートして少しずつ結果が出始め、小学校では、2016年度の数値を見れば、全国平均よりは数値が上回った科目が多く、中学校でも少しずつ差を縮めてきているのが現在の状況だ。

平均正答率（中学3年生）（単位：%）

年度	対象	国語A	国語B	算数A	算数B
2009 （参考）	足立区	73.4	69.2	57.7	51.2
	東京都	77.0	73.8	62.6	56.8
	全　国	77.0	74.5	62.7	56.9
2014	足立区	77.3	47.5	63.4	55.1
	東京都	80.7	53.2	68.8	61.8
	全　国	79.4	51.0	67.4	59.8
2015	足立区	73.6	62.4	61.6	38.4
	東京都	77.2	67.0	66.3	44.0
	全　国	75.8	65.8	64.4	41.6
2016	足立区	74.6	65.3	59.6	41.9
	東京都	76.9	68.6	63.5	45.6
	全　国	76.0	67.1	62.8	44.8

＊問題A：主として「知識」に関する問題
＊問題B：主として「活用」に関する問題
（出典）文部科学省「全国学力・学習状況調査」

ところで、全国学力・学習状況調査の結果を分析しているお茶の水女子大学のレポートによると、親の年収（世帯収入）と学力は、ほぼ比例している。これも「ほぼ」であるので、親の年収と学力が前後している層もある。また、平均値で比較しているわけなので、親の年収が低く学力の高い子どもや、親の年収が高く学力の低い子

「世帯収入（税込年収）」と学力の関係

	小6					中3				
	国語A	国語B	算数A	算数B	%	国語A	国語B	数学A	数学B	%
200万円未満	53.0	39.0	67.2	45.7	6.7	69.1	58.6	51.5	30.0	7.5
200万円～300万円	56.8	42.7	70.4	50.8	8.2	71.2	60.9	55.2	33.1	8.6
300万円～400万円	58.4	45.0	73.6	53.3	12.6	73.9	63.4	58.4	35.5	11.8
400万円～500万円	60.6	47.0	75.1	56.2	14.9	74.8	65.2	60.6	37.9	13.3
500万円～600万円	62.7	48.8	77.6	57.9	14.0	76.6	67.6	63.6	40.4	13.7
600万円～700万円	64.8	52.5	80.1	61.3	11.9	77.6	69.2	66.6	43.5	12.1
700万円～800万円	64.9	52.4	79.7	62.2	10.4	78.7	70.9	68.6	46.6	10.2
800万円～900万円	69.6	57.6	83.2	66.0	6.3	79.7	71.8	69.6	48.1	7.0
900万円～1000万円	69.3	55.1	82.7	66.4	5.0	80.9	73.3	71.6	49.9	5.5
1000万円～1200万円	69.6	55.5	83.9	67.9	5.3	81.8	73.9	72.8	52.6	6.0
1200万円～1500万円	70.8	59.4	84.5	67.1	2.6	83.0	75.8	75.1	54.7	2.8
1500万円以上	75.5	61.5	85.6	71.5	2.1	81.8	75.9	73.4	53.4	1.4
合計	62.8	49.5	77.2	58.5	100.0	76.3	67.3	63.5	41.4	100.0

（出典）国立大学法人お茶の水女子大学『平成25年度 全国学力・学習状況調査（きめ細かい調査）の結果を活用した学力に影響を与える要因分析に関する調査研究』より引用

どもがいるのはもちろんのことである。その前提のうえで、平均値を比べると、親の年収と子どもの学力は、ほぼ比例しているのである。塾や家庭教師など教育にかけることのできるお金の有無や、親の時間的余裕や教育への関心などが、子どもの学力に反映するのだろうと想像できる。

前項で見てきたように、貧困家庭が多い足立区で、平均しての学力が低くなってしまうのは、当然といえば当然である。そこを変えるチャレンジを足立区はスタートしている。

寿命が短い？

２０１３年９月10日号の『あだち広報』の表紙に、「なぜ、足立区民の健康寿命は都平均より約2歳短いのか」という、スポーツ新聞ばりの大きなタイトル文字が掲載されたのは、区民にとっては少々ショッキングな出来事だった。

「え、足立区に住んでると早く死んじゃうの？」と一瞬たじろいだ人もいたかもしれない。実際、『あだち広報』を発行している広報係には即日複数の抗議電話がかかってきた。「ただでさえ足立区はイメージが悪いのにさらにイメージを悪くしたいのか」と大変お叱りを受けたという。そのくらい印象に残る記事だった。

表紙には病院の廊下で頭を抱える男性。その手には包帯が巻かれている。この広報紙で「足立区民の健康寿命が短い理由」として解説されている大きな要因の「糖尿病」を示唆する写真である。糖尿病は進行すると、からだの末梢の血管がつまり、壊疽《えそ》を起こすことがあるからだ。

写真脇に書かれた文言「自覚症状はなかった。若い頃からスポーツをやっていたので健康には自信がありました。だから健診の結果を軽く受け止めていたんです……（区内在住Tさん、40歳代）」というのは実際にある話だという。

区内約32万世帯＊（当時）に全戸配布している『あだち広報』の表紙にこの記事を掲載したのは、

2013年9月10日 第1668号
http://www.city.adachi.tokyo.jp/
あだち
広報
なぜ
足立区民の健康寿命は
都平均より
約2歳短いのか
その理由は最終面に
自覚症状は無かった

▶『あだち広報』（２０１３年９月10日号）

＊世帯数＝２０１８年１月１日現在34万８３８世帯

足立区の並々ならぬ決意表明でもあった。

足立区が「糖尿病」に焦点を当てて区民の健康づくりに乗り出すことになった２０１３年度（平成25年度）、区は「健康あだち21（第二次）行動計画　平成25年度～平成34年度」というのを策定している。

この中で、近年の寿命が比較・分析されている。

健康寿命というのは、平均寿命のうち、健康で活動的に暮らせる期間を指し、平均寿命から、衰弱・病気・痴呆などによる介護期間を差し引いたものだが、足立区では残念なことに、平均寿命も健康寿命もほぼ同じ傾向で、短い。

平成2年から22年までの20年間の推移をみると、平成2年の平均寿命は男女とも23区中23位であり最下位

区民の寿命

	足立区		東京都		全国	
	男性	女性	男性	女性	男性	女性
平均寿命（年）	78.50	85.40	79.82	86.39	79.55	86.30
健康寿命（年）	79.38	82.94	80.45	84.58	80.92	84.81

平均寿命は平成22年生命表、健康寿命は厚生労働省算定プログラムより算出
＊本来、平均寿命は健康寿命と不健康寿命の合計であるが、この表では厚生労働省の算定プログラムにより計算したところ、結果として健康寿命が平均寿命より長い箇所がある。

平均寿命の23区順位

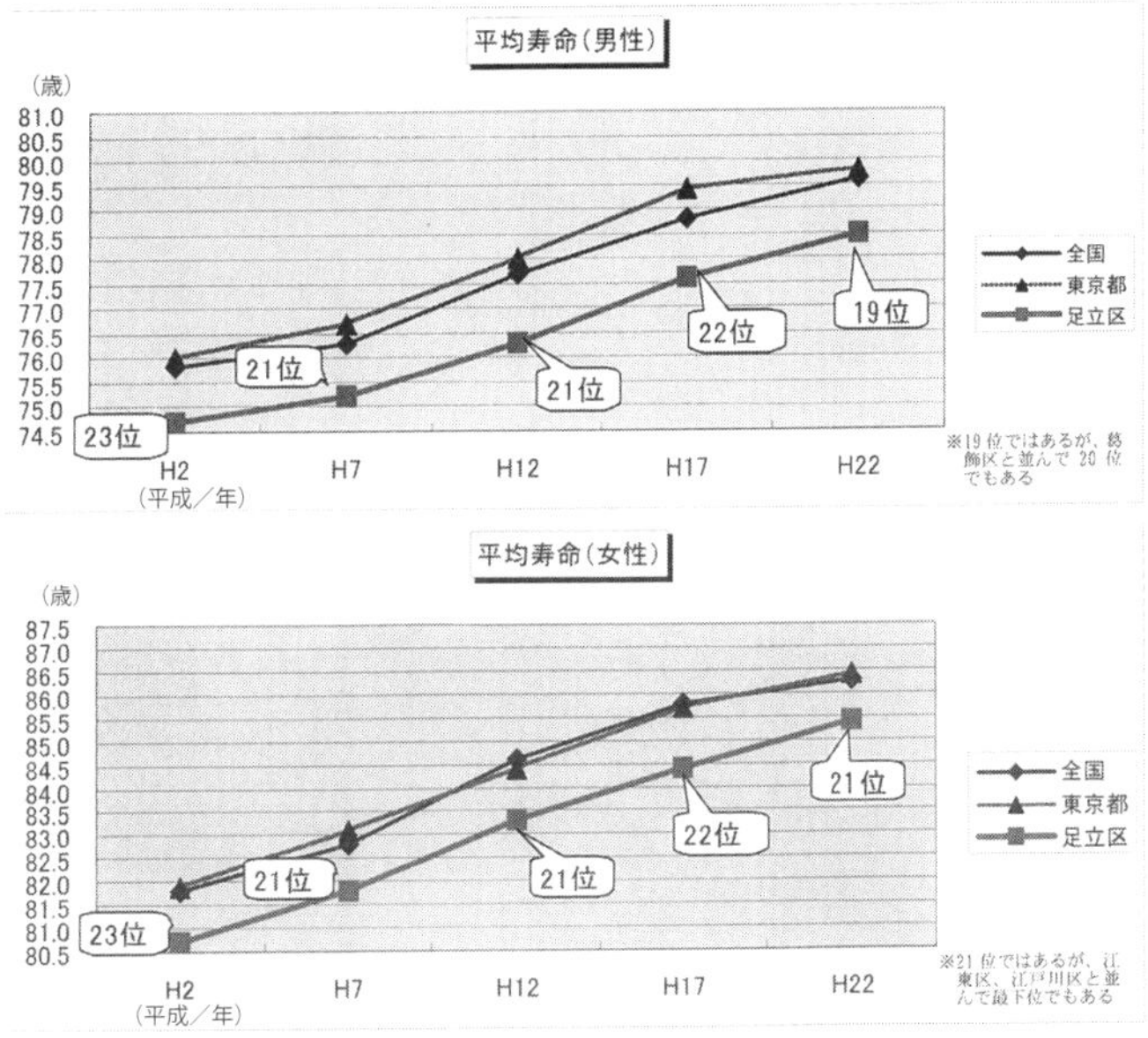

である。その後も、少し上がっている年もあるが、この時点で最終の統計である22年の平均寿命は、男性19位（ただし葛飾区と並んで20位でもある）、女性21位（ただし江東区、江戸川区と並んで最下位でもある）ということで、とにかく最下位周辺を行き来しているのである。

足立区の国保医療費の内訳

2012年5月		医療費（円）	医療費割合	件数	件数割合	1件当たり医療費（円）
足立区全医療費（歯科、調剤除く）		3,176,579,600	100%	126,509	100%	25,110
1	腎不全	234,628,210	7.39%	730	0.58%	321,409
2	高血圧性疾患	214,333,190	6.75%	20,559	16.25%	10,425
3	糖尿病	164,650,890	5.18%	6,801	5.38%	24,210
4	統合失調症等及び妄想性障害	163,708,110	5.15%	2,334	1.84%	70,141
5	その他の悪性新生物	139,615,210	4.40%	1,122	0.89%	124,434
6	虚血性心疾患	110,706,770	3.49%	1,805	1.43%	61,333
7	その他の消化器系の疾患	82,899,550	2.61%	2,272	1.80%	36,487
8	その他の心疾患	79,515,780	2.50%	1,518	1.20%	52,382
9	脳梗塞	74,122,790	2.33%	1,494	1.18%	49,614
10	脊椎障害（脊椎症を含む）	71,072,310	2.24%	2,822	2.23%	25,185

（注）東京都国保連「特定健診・特定保健指導支援システム」より抽出したデータを基に算出

主要死因を見てみると、平成11年からずっと、1位はがん、2位は心疾患、3位は脳血管疾患。いずれも生活習慣病に起因する傾向が強い疾患である。さらに、病気の治療者を分析するために、足立区の国民健康保険の医療費の内訳を見てみると、1位が腎不全、2位が高血圧性疾患、3位が糖尿病と、いずれも、糖尿病の関連疾患。そして、糖尿病に関わる医療費は、23区で最も多いのである。

ではなぜ、足立区に糖尿病の患者、そして多大な医療費を使わなければ

糖尿病に関する23区比較【平成24年5月】

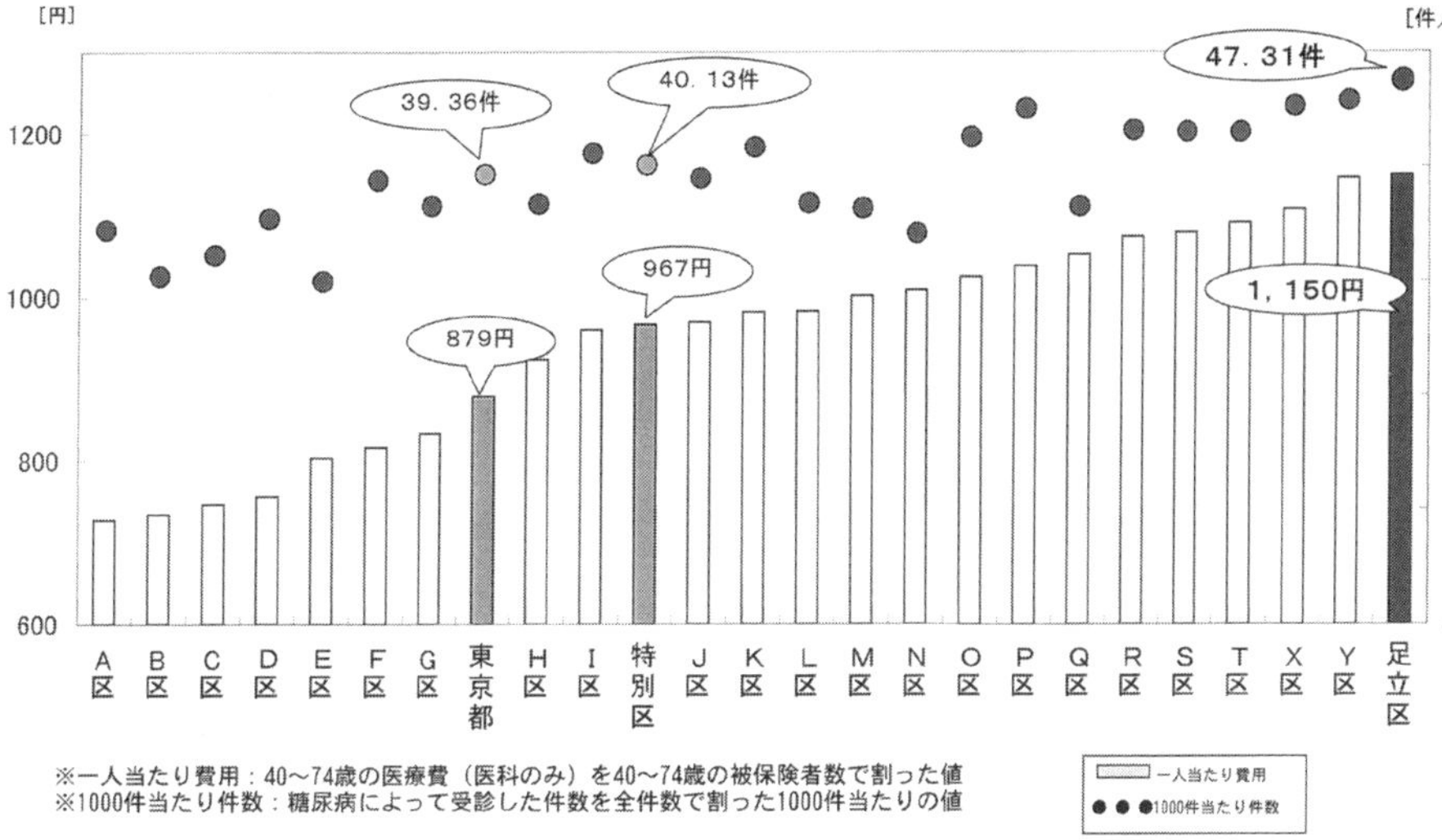

※一人当たり費用：40〜74歳の医療費（医科のみ）を40〜74歳の被保険者数で割った値
※1000件当たり件数：糖尿病によって受診した件数を全件数で割った1000件当たりの値

ならないほど重症化した患者が多いのか。

友人で、理学療法士でもある青木正さん（㈱コミュニティ・インスパイア代表取締役）は、区内のリハビリテーション施設などで多くの糖尿病患者と向き合ってきた。糖尿病と診断されたにもかかわらず、生活習慣を改めずに脳梗塞を引き起こしたり、腎不全となり人工透析患者となってしまった人を多数見てきた。

「糖尿病を放置すると7年で合併症を引き起こすと言われていますが、ある60代男性の患者さんは、仕事もなく朝から酒を飲む日々で、糖尿病を発症し、間もなく右脚の動脈硬化を起こし、壊疽状態となり膝から下を切断。それでも酒をやめず、間もなく左脚も切断することになり、最後には心筋梗塞を起こして亡くなりました。その間たったの2年でした」。酒はやめられないが、最後まで病院には通って来たのだという。青木さんは、糖尿病はきちんと自己管理さえできれば、合併症を起こしたり重症化することなく、ごく普通の一生を過ごせるのだと話す。亡くなった男性のように、病院には来るが医者任せで自分では何も意思決定しない、生活を変えられないという人が足立区の糖尿病患者には多いのではないかと青木さん。「人工透析を受けに病院に来て待合室でマクドナルドを食べてるんですよ。ありえないと思いませんか。足立区は糖尿病問題の縮図みたいな場所です」。

また、足立区では、子どものときから生活習慣病のリスクがある率が高いという。生まれたときの体重が2500g未満の赤ちゃんは、成人後に糖尿病や高血圧症等の生活習慣病を発症しやすいとの報告があるそうだ。その、生まれたときの体重2500g以下の赤ちゃんが、足立区では毎年、約1割いるという。前出「健康あだち21（第二次）行動計画」の中では、お母さんが「妊娠前・妊娠期に適切な健康管理がなされていれば、ほとんどが予防できたはずのリスク」であり、その要因として「妊婦の妊娠高血圧症候群、極端な『やせ』、喫煙や飲酒など」と指摘されている。

足立区に住んでいると寿命が短くなるわけではもちろんないのだが、健康にあまり気を配らない生活習慣で暮らしいてる世帯の多さが、足立区の平均健康寿命を縮めているのではないかと思われる。

インタビュー◉北野大《まさる》さんに足立を聞く

足立区に生まれ育ち、今も足立区に暮らす北野大さん。わかりやすく環境を語る「マー兄ちゃん」、また、北野武さんの兄としても知られる。「足立区ありてこそわが人生」と足立区にベタ惚れの北野先生に足立区を聞いた。

「おせっかい」なまち

僕は、足立区の島根で生まれ育ちましたが、近所で有名な話があるんです。

うちのオフクロは、男の子は絶対工学部だっていうんで私も兄も弟もみんな工学部に入ったのですが、うちだけじゃなくて近所の子もみんな機械科へ入れちゃったんですよ（笑）。大工さんの息子も畳屋さんの息子もね。子どもに機械工学を学ばせることがその子の将来にとって幸せなことだと信じていて、自分の子にいいと思ったことはよその子にも同じように教育したんです。本当にわけへだてがなくて『おせっかい』なんですね。

また、僕が子どものころは、近所に厳しいおじさんがいて、「危ないから早く帰れ」だの、銭湯では「体洗ってから湯舟に入らなくちゃダメだ」だの、どこにいても誰かに監視されている、逆にいえば守られている感覚がありました。

▶北野大さん

昔から、「おせっかい」が、足立区のいいところだと思うんです。垣根がないんです。それは、物理的にも心理的にもね。山の手のように家の周りに塀をめぐらせて「隣は何をする人ぞ」みたいな地域じゃない。道沿いに花を置いたりして、道行く人にも「花を見てください」って感じでしょ。

「おせっかい」に加えて、「やせがまん」と「もったいない」。この3つは、うちのオフクロがよく口にした言葉ですが、まさに下町・足立区のキーワード。足立区から日本中へ広めていったらいいと思うんですよ。こういう地域のちからはなくなってきてはいますが、他と比べると足立区にはまだある。昔は地域が担ってきた部分ですが、リタイアする団塊の世代の力も借りて保っていきたいですね。

口は悪いが腹は良い

弟のタケシの才能が花開いたのも、足立区みたいな下町で育ったって土壌があったからだと思います。もちろん間違いなく母親のDNAあってこそだけど、彼の芸っていうのは山の手の芸じゃないですよね。オヤジはペンキ職人で、家一軒建てるには、個人の大工さんが、ブリキ屋さんから左官屋さんから、タイル屋さん、ペンキ屋さん、鳶職人さん……と集めて建てていくわけですよね。雑多な職人の世界で、日曜になると手伝いに借り出されながら、僕らは育った。職人連中は、口は悪いけど腹は良い。腹の底はあったかいわけです。こんなこと言うのは失礼だけど、教育のある人は、口先ではやさしいことを言うけど、腹の底は冷たかったりしますよね。弟の場合、表現は非常にキツイけれど、愛情は深いですよね。育ってきた足立区の下町の環境が、確実に今日の彼の芸の土台にある。そう、思うなあ。

▶昭和36年4月、明治大学入学の頃。足立区島根の自宅前で、母さきさんと。「マザコンですよね」（笑）とはご本人談

川と煎餅

荒川は、四中時代にはマラソン大会や、河川敷で区立中学対抗の体育大会なんかやった思い出があって、懐かしいんです。今もたまに時間ができると、サイクリングロードを自転車で走ります。いい空間になっていますね。川があるって、土地にとって大事なことなんです。都市として落ち着きがありますよね。四大文明も川のそばに発達したでしょう。

あと、足立の名物といえばお煎餅ではないでしょうか。店も多いし、僕もよくお遣い物に煎餅を買いますよ（笑）。

平成元（1989）年頃、実家を建て替え、正月に兄弟が集まった。右から母さきさん、大さん、兄の重一さん、弟の武さん

きたのまさる：秋草学園短期大学学長、淑徳大学名誉教授。専門は環境化学。教壇に立つかたわら、テレビ番組ではコメンテーター、タレントとして活躍。著書多数。昭和17年足立区島根に4人兄弟の次男として生まれる。弟は北野武氏。足立区での家族の暮らしぶりは、両親に焦点を当てた武氏の小説、ドラマ『菊次郎とさき』でも知られる。

（足立区役所『採用案内＆区政要覧』より転載）

▶19歳の頃。足立区島根の自宅前で。物静かだった大さん（左）と対照的に武さん（右）はやんちゃだったそう

第2章

足立LOVEな足立区民

足立区民は足立LOVE。口にするかしないかは人それぞれだし、口にしてもANZEN漫才のみやぞんさんのように裏腹な愛情表現だったりもするが足立区民は地元愛の深い人が多い。LOVEポイントは人によって違うので、独断と偏見のもと私の足立LOVEポイントから足立区紹介をしてみたい。

究極のふつうまち千住

穴場な街ランキング1位

足立区のキータウン千住が、このごろ、アツイ。

スポーツ報知新聞が2017年3月11日の紙面の上半分を使って「北千住キテる!!」と、どでかい字で見出しを付けた記事を書いてくれたのは記憶に新しい。

SUUMO（スーモ）が毎年発表している「みんなが選んだ住みたい街ランキング　関東」では2015年から4年連続して「穴場だと思う街ランキング」1位に「北千住」の名前があがっている。「住みたい街ランキング2018関東版」では23位だが、長谷工アーベストが実施する「住みたい街（駅）ランキング」2017年度版（首都圏総合）では、2016年の29位から一気に順位を上げ、8位にランクインした。

テレビや雑誌での取り上げ回数も半端じゃない。私が結婚を機に千住に引っ越してきた頃、20数年前には、マスコミからまったく注目されないまちだった。ごくまれにテレビに登場すると大騒ぎで、もちろん、もれなく録画して観たものだ。

ただ、オープニングの荒川土手のシーンが有名な『3年B組金八先生』のロケ地としては昔から使われてきた。プロデューサーの柳井満さん（故人）にお話を伺ったことがあるが、川のあるまちを探して見つけたのが千住だったという話だった。東京ではどの川も護岸工事がされていて絵にならず、草っぱらが残っていたのは多摩川と荒川だけ。番組を始めるときに、脚本家と車で回っていて偶然訪れた千住の荒川土手と、そして柳原のまちに「ピンときた」のだぞうだ。その後、実際に撮影が始まってみると、まちのひとがあたたかくて居心地がよかったそうで、それもこれもあって結局、１９７９年（昭和54年）にはじまる第一シリーズから２０１１年（平成23年）ファイナルまでの32年間にわたって、ロケ地を変えず撮影が続けられた。ちなみに、金八先生に限らず柳井プロデューサーのドラマは、「家族ゲーム」ほか千住がロケ地となっているものも多い。とはいえ、柳井ドラマを除けば、テレビで千住が舞台となったり、食べ歩き、まち歩きなどで取り上げられることもほとんどなかった。

それが今は、テレビ番組は追いかけるのが大変で、「昨日も出てたね」「あ、見損ねた～」的な会話が日常となっている。

20年前と今、千住が何か劇的な変化を遂げたかと問われれば、住民である私にとってはさほどの変化はない。つまり、以前から魅力にあふれるまちだったのだけれど、知られていなかったというのが実際のところだと思う。だからこそ「穴場」なのだろう。もちろん、大学ゼロのまちだった足立区に大学が5校もでき、それがすべて千住にあることは、若者人口が増えたり、アカデミックなイベントや交流が増えたり、まちで活動を始める学生も出てきて、とても楽しい。20年前と比べると魅力が増している部分ももちろんある。だけど、逆に20年前、あるいはもっと前のほうが面白かった部分もあるのは確かだ。

大阪で生まれ、大阪で育った私が結婚を機に東京で暮らすことになり、どうせなら面白いまちに住みたいと、いくつかのまちを見て歩いたのだがなかなかしっくりくるまちに出会えず、

▶荒川河川敷

名前もよく知らなかった北千住駅でたまたま降りて歩いた日の第一印象が、このまちでは今も大きくは変わっていない。一言でいえば私も、「ピンときた」のである。

まず、まちらしい活気があった。

郊外のショッピングセンターは活気があるかもしれないが、小さい子どもたちを連れた若い夫婦など、かたよった客層を中心に賑わっている。一方、東京で「下町」と呼ばれるまちを歩くと、ご高齢の方ばかりのまちだったり、あるいは観光客の多いまちだったり。どこに行っても何となく違和感を覚えることが多いこのごろなのだが、千住ではそういうかたよりを感じず、すごく気持ちのいい活気を感じたのを覚えている。

赤ちゃんからおじいちゃんおばあちゃんまで、いろいろな年齢層のさまざまな人が、バラエティ豊かに暮らしている。サラリーマン、商売人、職人、経営者、工場労働者、外国人、子育てママたち、若いカップル、お金持ちもいるし、あんまりお金がなくてつつましく暮らしている人もいて。今では大学も増えて、たくさんの学生や先生たち……ありとあらゆるタイプの人がいる。

初めて千住に降り立った日、1日歩いてお茶したりご飯を食べたり、まちの人ともたくさん話したが、東京の某有名な下町で感じた排他的な空気はどの人にもなく、むしろ敷居が低いというか気さくというか、「千住ってどんなところ?」と聞いた私に、庶民的な寿司屋のおじさんは「江戸ところ払い*のまちだよ」と言って、わっはっはと笑った、その印象がすべてをあらわしている気がする。

江戸に隣接するが江戸の外。

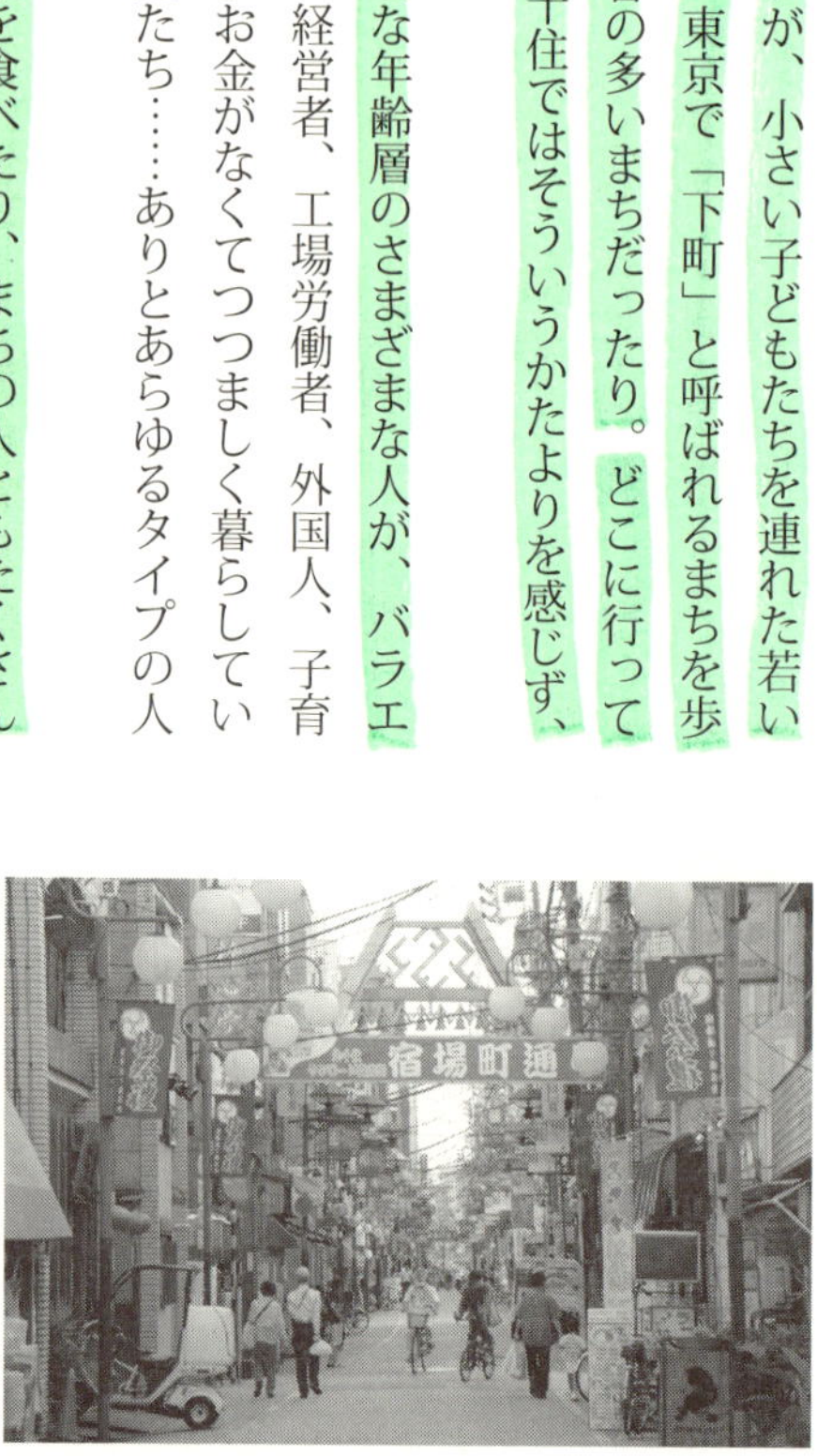

▶千住の商店街

＊江戸から追放する刑罰。つまり、江戸の外のまちだという意味

千住の人は、江戸ではないからという控えめな気持ちがどこかにあり、千住のまちは好きだけれど、そのプライドは内側に秘めて、外向きにはちょっと自虐的な発言をする人が多いかもしれない。ちょっと「引け目」があるからなのか、外から来る人にもおおらかで、むしろ歓迎してくれるように感じる。私自身、暮らし始めてからも、2回、千住の中で引越しをして、今は3軒目の家に住んでいるのだが、生来鈍感なせいもあると思うが、千住のまちではあまりいやな目に合ったことがない。近所の人は何となく気にかけてくれていて、頼めば協力してくれるが、おせっかいすぎない、立ち入りすぎない距離感がちょうどいいのだ。宿場町だった気質、多くの人が来ては去ったハブのまちらしい人々の気性が今もどこかに残っているのではないだろうか。

松尾芭蕉が1689年（元禄2年）に、多くの人に見送られ、「おくのほそ道」に旅立ったのも千住。「行く春や鳥啼《とりなき》魚の目は泪《なみだ》」と、旅立ちの句を千住で詠んで。

現在のまちの話に戻ると、前述のように千住は、6路線が乗り入れ、乗降客数世界6位といわれる非常に交通の便の良いまちである。人が行き交うハブのようなまちである点は、江戸のころから変わりがない。

駅ビルにはマルイとルミネが入っていて、新しいおしゃれなものも一通り揃い、東急ハンズも無印良品もあるのでとても便利なのだけど、一方で江戸時代、宿場町だった歴史や昭和の空気がまちの中にたしかに残っている。賑やかとはいえ歴史は感じにくい吉祥寺や、同じ江戸四宿の歴史を持っていても多くが開発されてなくなってしまった新宿などとはまったく違って、千住には、時間の重なっている深みがまちにあるなあと思う。

千住は、江戸時代以前から集落を形成し、ヤッチャ場（青物市場）も江戸幕府が成立する以前にすでにあったとされる。宿場町として多くの人の往来があり、豊かな文化が花開いた江戸時代。大千住と呼ばれて賑わった明治時代・大正時代・昭和の初期。高度経済成長期にたくさんの労働者がひたいに汗して一生懸命働き、商店街でガンガン買い物をし、映画館や劇場やボーリング場や飲み屋やときには赤線で、たくさん遊んだ戦後の時代。そう、かの、たくさんの映画や文学作品にも登場する東京電力の「お化け煙突」も千住にあった。そして開発も進み、5大学を迎え、変化していく平成の時代。

「人」がそれを伝えるのはもちろんなのだが、それぞれの時代に建てられた「建物」が、今もまちのなかにあるということがとても貴重だ。それから、宿場町時代に商家が立ち並んで賑わった旧日光街道が、今も同じ道幅で残り、今は活気ある商店街となっているが、その旧街道の両側に、たくさんの路地が残っていること。路地や横丁の先に、いくつもの神社や寺があり、そこには季節々々の祭りもあること。そんなこともとても貴重だ。

以前、東京電機大学の建築学科の先生に、このように江戸時代の町割や機能が大きく変わらずに残っているまちは都会では珍しいと聞いたことがある。旧街道を背骨としてまるで魚の骨のような無数の路地は、そこに住む人たちの、緑を育て、門ばきをするような愛情に守られながら、まちの大きな魅力となっている。

路地の成り立ちは、もともと、間口に対して課される税もあったので、街道に面した店の間口は狭く、奥に細長い短冊形の敷地割りとなっていた。店、その奥に母屋、その奥に蔵、さらに奥には貸家ができていったため、店子《たなこ》（借家人）のための通行路として路地が形成されて行

▶北千住駅前

▶千住の旧家・横山家

ったという。千住も蔵のまちと言われることがあるが、川越のように街道に面した位置に蔵はないため目につきにくいが、路地歩きをしているときどき、見つけることができる。

旧日光街道を少し離れても、千住寿町や柳原エリアなど、古くは農地だったエリアの曲がりくねった細い路地もおもしろい。柳原の細い商店街と路地は、北千住駅からそれほど離れていないのに、昔ながらの木の電柱に裸電球がぶらさがる風景がそこここに見られ（通称：キデンキ）、ここが本当に現代の東京なのかと思うような、どきどきするような、素敵なシーンに出会える。ついでに、このエリアでは何か、人も昭和のやさしさをキープしているようで、路地で出会ったおばあちゃんに、あたりまえのように笑顔で話しかけられて、一瞬でタイムスリップすることがある。

このエリアに住むグラフィックデザイナーの友人は杉並の出身なのだが、柳原では日常の、鼻歌を歌いながら歩く人に、杉並では会ったことがないと言っていた。千住暮らしは、肩の力が抜けていて良いなあと思うが、千住の中でも柳原はさらにランクが上である。柳原商栄会では、毎年この路地のまちにオーケストラを呼び、下駄履きで行けるクラシックコンサート「柳原音楽祭」を25年も開催している。千住に住む、世界的指揮者、高関健さんも立ち上げ時に協力していて、ときどき指揮に立ってくれる。商店街の鰻屋の主人、小倉俊政さんの熱い思いが、商店街やまちのお母さんたちを動かし、25年も続いている。昭和のまちと一流のオーケストラ。そのコントラストがすごく面白い。

古いまちの風景や人の気質も残りつつ、新しいもの、利便性も揃っていて、その絶妙な新旧融合具合がほかのまちにあまりなくて、今の「穴場」な人気となっているのかなと思う。

▶お化け煙突は東京のシンボルだった
（撮影＝加藤忠一）

▶路地の先に蔵

古い建物が今に生きるまち

そんな千住ならではのまちの魅力に惹かれ、活動する地域グループも少なくない。やっちゃば（青物市場）の屋号看板を立て、往時の賑わいを伝えようとする「千住大賑会・河原」（岡本行央代表）や、千住の歴史を学び後世に伝えようと取り組む「NPO法人千住文化普及会」（櫟原文夫代表）ら大先輩に混じって、建物の調査をしたり、まち歩きや古い建物を使ったイベント、情報発信などを行っている「千住いえまち」という地域グループもあり、私もその一員だ。

寺や銭湯の空間を使わせてもらってのヨガやライブ、みんなでセルフ・リノベーションした4畳半のアパート空間「玉井荘いえまちのへや」での小さなイベントなど、人気があり、千住の新旧入り混じる魅力を伝えている。

千住に残る素敵な建物は点在はしているが数多く、たとえば江戸時代、紙問屋だった、千住4丁目の「横山家」、千住5丁目の「下村家」は、今も旧街道沿いに当時の面影を伝える。お話を聞いていくと、千住には地漉紙問屋《じずきがみどんや》が多かったことがわかり、今もこのような建物が残る旧家のほか、印刷業に変わって営みを続けられているところもある。足立区に印刷業が多いのも、そのような背景もあるのかもしれない。千住は江戸と農村地帯を結ぶ流通の要だったため、農家が農閑期につくった地漉紙（再生紙）を江戸に流通させるハブのまちだったようだ。

「どぶ板で名倉レましたと駕籠でくる」と川柳に詠まれるほど有名な骨つぎだった名倉医院は、今も江戸時代の診療室や庭、長屋門の一部や蔵などを大切に守ってくださっている。現在

▶玉井荘カレー作りワークショップ

は千住本家11代目（骨つぎ8代目）が同じ敷地内で整形外科を営んでおられ、治療を受ける人は、門内に入ることができるので、江戸時代の診療室（通常非公開）を外から眺めることができる。その風情は、都内にありながら、素晴らしいタイムスリップスポットだ。名倉医院では何度かお話を伺ったことがあるが、90歳を超えてかくしゃくと家を守っておられる先代の静《せい》さんはお人柄も穏やかながらお話にものすごく筋が通っていて、私の憧れの人である。しかも、その名倉医院の歴史がたまらなくおもしろい。以前、ある雑誌で取材をさせてもらったことがあるので、そのときの原稿から少々抜粋しながらご紹介したい。

名倉医院はかつて、骨折や脱臼の患者が関東一円から押しかけ、夜が明けると旧道は戸板や駕籠の行列で埋まったといわれる程の人気ぶりだったようで、千住8代目名倉健蔵氏（1866～1939）の大正年間の日誌の中には、「630名来診」の記録のある日もある。骨つぎといえば名倉、名倉といえば骨つぎと言われた所以である。さかのぼれば、武家ながら紆余曲折を経て農民として千住へ出てきた名倉家の祖先は、宿場町の中心部からは少し離れた千住5丁目に居を構える。そして千住4代目の名倉直賢氏（1750～1828）が骨つぎを開業したのは江戸中期の明和年間のこと。興味深いのは、鳶の衆と芸者はタダで治療したという点。人に娯楽を与えてくれる人気商売、人のために我が身を粉にして働いてくれる下積みの商売ということで、それは後に仕事師、役者、相撲取り、幇間《たいこもち》まで広がり、名倉家の家憲となったという。

また、名倉医院独特の診療システムがあった。名倉医院の周辺には5軒の宿屋があり、宿屋の主人が接骨師の資格を持っていて、午前中は名倉医院の診療室で院長とともに外来患者を診、

▶かつて地漉紙問屋だった下村家

患者のうち入院の必要のある者を引き取って、午後はここへ往診したというのだ。

1934年（昭和9年）に名倉家の書生となった鳥居良夫氏にお話を聞いたことがあるが、「大先生（千住八代分家市蔵氏）は優しかった反面、気骨もあった人で、近所のお金に困っている人にはタダで見てあげるかわりにお金持ちからは取れるだけ取っていました」と言う。

そして鳥居さんによると、夜になると、週に一度くらい流しの芸人が来たという。落語、講談、浪花節、新内流しなど。宿屋の1軒へ芸人が来ると、ほかの宿からも患者が集まって来た。「結核やなんかの重い病気じゃないんだから心配ないんです。今では考えられないほどおおらかだったんです」。当時名倉医院から歩けばものの10分といったあたりに遊郭があった。東京中に数えるほどしかない遊郭が、すぐ近所にある。「入院患者が抜け出して遊びに行くんで困ったもんでしたよ。行って向こうで動けなくなっちゃってね。電話がかかってくるんでしょうがないから行くんです。行って、診てやって、連れて来なけりゃならないでしょ。何回も行きましたよ」。名倉医院の物語は面白すぎて、誰か映画にしてくれないかなあと思うほどである。

私は古い建物が好きなので書き始めるときりがないが、古い建物があるまちは、建物の存在自体が魅力的なのはもちろんのこと、その歴史をたどることで、まちの空気感や特徴、産業や暮らしぶりを知ることができる。日本には古い建物に非常に厳しい相続税の制度があって、持ち主のご苦労は我々一般人には決してわからない大変さがあると思うが、ぜひともまちの宝を、後世に伝えて行っていただけたらありがたい。私が制作に携わって来たタウン誌「町雑誌千住」や、冊子「千住いえまち」などでご紹介してきたが、他にも冨澤家、絵馬屋、板垣家、石鍋商店、大橋眼科、市川歯科、NTT東日本千住ビル、石出家、それに蔵や銭湯……千住にはたく

▶名倉院長の長屋門

さんの宝がある。

後世に伝えていくために、できることがあればしたいと思っている者が少なからずいることを、建物の持ち主にも知っていただきたいと、いつも思っている。

古い建物を新しく使う

そしてさらに近年は、そんな千住のまちの歴史を伝える、古い空き家をリノベーションしたカフェや飲み屋などがいくつもできつつある。

もともと千住は大衆酒場のまちとして東京でも指折りのまちだが、そういう老舗酒場に新しい店が混在。北千住駅西口から伸びるときわ通り（通称飲み横）や周辺では、当時のままのものすごく狭い間口の小さな間取りをそのまま生かしてリノベーションした若い世代の店が入り混じり、渾然一体としたラビリンス空間となっている。

千住の飲食シーンの面白いところは、チェーン店ももちろんなくはないのだが、個人店にいい店が多く、それらが人気店となっていることだと思う。なかでも最近、若い世代が始める店を見ていると、地元足立区や近隣区出身の若者が地元で起業、という店が多いのがうれしい。とにかく出店するが、うまくいかなかったらすぐに撤退というチェーン店商法ではなく、地に足つけてここでがんばる、という思いのつまった魅力的な店が多い。

さらに最近は、生まれも育ちも足立区じゃないのだけれど、千住を舞台に活躍する人も増えて来た。大手ビール会社から独立して、店内醸造の出来立てクラフトビールを飲める店として

▶千住の居酒屋の立ち上げに携わった縁から、大谷順一さんが自分の店として最初に手がけた居酒屋「一歩一歩」。スナックだった建物をリノベーションした。その後、千住に次々と個性的な居酒屋を展開している

人気となっている「さかづきBrewing」主人の金山尚子さんは、いろいろなまちを見て千住を選んできてくれた。青森出身の植村昭雄さんも、たまたま暮らし始めた千住で起業、次々と事業を広げて他地域でも展開しているが、千住で整骨院4店舗とデイサービス1店舗、そして東北食材を使った料理が食べられる店「プエドバル」を展開しながら、インターネット放送局Cwave《シーウェーブ》で足立区のさまざまな情報を発信、足立に欠かせないキーマンのひとりとなっている。

リノベーションで魅力があるのは飲食店に限らない。特に最近、若い世代のパワーが目を引く。もと寿司屋だった空き家をセルフリノベーションをベースに改装して20代2人が始めたゲストハウス「かがりび」、千住仲町のマンションの、約20年廃墟だったボーリング場と浴場の2フロアをリノベーションしたアートセンターの「ＢＵｏＹ《ブイ》」など。

前述「玉井荘いえまちのへや」は、昭和の時代に建てられたアパートの1部屋で、当初3部屋が空室だった。風呂なしトイレ共同の木造アパートは当時たくさん建てられ、戦後日本の基礎を作った高度経済成長期の働き手の寝食を支えたが、生活様式の変化に伴い、このようなアパートは現在空室を多く抱える。遊びに来た友人の吉満明子さんは、当時は大手出版社に勤めていたのだが、見た日に即決で「残りの2部屋を借りたい」と言いだした。動きだしたら行動は早い。２０１５年9月に、地域の名前を社名に入れたひとり出版社「株式会社センジュ出版」を設立、2室のうちの1室は、とっても居心地の良い、ちゃぶ台のあるブックカフェとしてまちに開いている。彼女のひらめきと行動力にはいつも感動するばかりだ。社長だし5歳児のママだし大変なこともたくさんあるのだろうけれど、いつも大らかに笑っていて、そのオトコラシイ（？）即決が大概プラスに転がっていくのが、そばで見ていて楽しい。彼女も、出身は福

▶かがりび

岡だが何かに惹かれてこのまちにやって来た人。

　最近、千住で古い建物を使おうとする人たちは、建物を活かすことでまちの魅力に磨きをかけてくれているのはもちろんだが、その存在、その活動自体が実に魅力的で、まちにきらめきを増す小さな星のようだ。

商店街と路地と川

　そんなふうに個店や個人が頭角をあらわす一方で、昔ながらの商店街は実のところ、ずいぶん姿を変えている。他地域から来た人に千住を案内すると、今のご時世で商店街に活気があると言ってほめられることが多いが、昔のような八百屋、魚屋、肉屋、総菜屋のほか、日用品の店がすべて揃っている商店街はもう千住にはない。ただ、商店街として機能していなくても、八百屋さんだって肉屋さんだって、元気の良い個人店はたくさんある（残念ながら魚屋さんはほとんどないが）。今も減ったとはいえ若い世代ががんばっている豆腐屋もあるし、餅菓子屋は今も多く、下町の元祖ファーストフード店として存在感を保っているのは面白い。

　昔から千住には、市場をはじめ、商売をする家が多かったので、餅菓子屋のいなり寿司や大福が、早朝から働く人たちの小腹を満たしてくれたに違いない。餅菓子屋では、正月の鏡餅にはじまり、お彼岸のおはぎからお月見団子まで、日本の四季の行事が凝縮されて供されており、ある餅菓子屋の女将さんが、「この頃は冬でもきゅうりもトマトも買えるようになっているのに比べれば、今じゃ餅菓子屋は八百屋よりも四季があるわ」と話していたのを、まさに、と思

▶BUoYのカフェスペース

▶Book cafe SENJU PLACE
（撮影＝加藤有紀）

って聞いたことがある。

路地や飲み屋街や商店街……狭い道や小さい店がぎっしりあって、凝縮した魅力にあふれる千住なのだけれど、それが、隅田川と荒川に囲まれているのがまたいい。ちまちました路地を抜けると、スコンと空の大きな荒川に出て、胸いっぱい深呼吸したくなる。そのコントラストがなんとも気持ちいい。ほんの2キロメートル四方のコントラスト。

水辺のまちに住むのは幸せである。荒川に近い、名店かどや（通称やりかけ団子）で絶品の団子を、あるいは1本30円（！）から買える焼き鳥屋さんで焼き鳥を仕入れ、ときにはビールで、広々とした芝生の土手に座って、大きな空を眺めながらゆっくり時間を過ごすのがいい。子どもたちが小さいころはおにぎりを持ってプチ・ピクニック。とにかく大声を出しても、走り回ってもOKなので、子育て中にはありがたいことこの上ない。さらに、自転車もすごく楽しい。下流に向かえば東京湾まで約13キロ、上流に向かって走れば、都市農業公園もあるし、岩淵水門まで約7キロ。走りがいのある気持ちの良いちょっとしたサイクリングコースだ。

新しいものと古いもの。引き継がれる伝統と生み出される新しいもの。歴史を大事にしながら今を積み重ねている千住が私は好きなのだけれど、それが何というか、まちらしいなあと思うのだ。近年なんだかかたよりのあるまちが多くて、普通のまちが少なくなっているから。

千住は究極のふつうまち。いいまちです。

▶餅菓子屋「福寿堂」

市場と酒場がある「食のまち」

酒場のはなし

足立といえば大衆酒場。

そんなイメージをお持ちの方も多いのではないだろうか。

センベロブームが起こったり、吉田類さんが酒場を放浪したり、外国から来た皆さんや、若い女子たちまでが大衆酒場に出入りする昨今だが、そんな短期的なブームのずっとずっと以前から、たしかに足立区は大衆酒場の集積地である。北千住駅西口から、線路に平行して南へ伸びる「ときわ通り」、通称「飲み横」の昭和度は時が移った今も変わらず、また北側に歩を進めると、「毎日通り飲食店街」なんてさらにマニアックな飲み屋横丁もある。

個店のキャラ立ち度もなかなかのものである。

千住の有名どころからいくつか挙げてみると、東京三大煮込みのひとつに数えられる「大はし」や、飲み横の顔、大衆酒場風情満載の「千住の永見」、元祖、立ち飲み・串揚げの「天七」など老舗の酒場の数々。

さらにツウが通う、魚の旨さとリーズナブルな価格で右に出るものはない「酒屋の酒場」、千住では創業まだ十数年と比較的新しいが大人気、日本料理歴40

▶飲み横

年の板前さんが始めた立ち飲み酒場「徳多和良」、鮮度が少しでも悪いとこの味は出せないと思われる絶品イカ鍋の「ときわ」、うなぎの店なので大衆と呼んでよいかどうかは疑問だが、酒飲みの勘どころをぴたりと押さえたつまみを出す、飲んべえ泣かせの「まじ満」、焼き鳥の要は仕入れと下ごしらえと何度もうなづきたくなる「遠山」（２０１６年11月閉店）など、とにかく名店が揃う。

それぞれに物語があるのだが、私の大好きな店のひとつ「大はし」は、コの字カウンターの中の、現4代目、5代目のテキパキとした立ち回り、客の注文に「はいよっ」と答える主人たちの客対応の呼吸というか絶妙のタイミングが心地よく、元祖・大衆酒場らしさを感じさせるいい店だ。牛煮込みが有名で東京3大煮込みなどと呼ばれているが、じっくり煮込まれた肉と豆腐に七味を添えて箸でつついていると、酒の進むこと。

現4代目（取材時85歳）に話を聞いたことがあるが、戦前は牛肉専門店と牛めしの店を営んでいたのだそうだ。戦後、居酒屋にするとき、牛めし用につくっていたものを酒のつまみにしたらどうかという話になったとか。たれは、つぎ足しつぎ足し煮込まれて来た、長い歴史のある牛煮込みである。最近はサラリーマンや女性も多いが昔はオトコの店であり、知る人ぞ知る個性派画家の伊藤晴雨が明るい時間に浴衣の着流しに下駄で通って来ていた話や、駅前の運送会社で働く「人足」たちが帰りに寄ってくれて、決して長居せず、さっと飲んで帰って行った話など、4代目主人の話はいつまで聞いていても聞き飽きない。

最近すごくうれしかったことがある。5代目のひとり娘の伶奈ちゃんが、うちの息子と同級

▶大はし

▶大はしの煮込みと焼酎の梅割り

生で同じ小学校に通っていたのだが、卒業式で、女ながらに「店を継ぎたい」と発表したのである。地元の老舗が綿々と時を越えて続いていく姿を見るのは幸せである。

大衆酒場は、主人の客あしらいに感動することが多いが、最近は、人気のまちとなってしまってコミュニケーションが減り気味の北千住エリアの酒場よりも、一駅足をのばした綾瀬あたりで、おっいいね、と言いたくなる出来事が多い。

先日、いつも満席の人気店「大松」で、案内された4人席に2人で座って飲んでいたら混んできて、店のおばちゃんから「悪いけど、席を移ってもらえない？」と言われたことがある。料理も酒もすでに机に広がっていたのでちょっととまどったが移ったところ、グラスの2割くらいになっていた相方の酎ハイをさっと新しい酎ハイにとり変えてくれた。驚いておばちゃんの顔を見上げると「気持ちだから」とにっこり。きっぷがいい。店長でも社長でもない店のおばちゃん判断でさっとそういう気持ちの良い対応ができるのが大衆酒場。ある意味、客に席をゆずれと申し出る遠慮のなさ、それをさりげなく「気持ち」で返すあたり、店と客の間に単なる「商売」をほんの少しだけ超えた親しみがあり、コミュニケーションがある。今の日本では少なくなっていてもしかしたら怒る客もいるかもしれないが、私はこういうアジアっぽいやりとりが嫌いじゃない。綾瀬駅周辺の酒場の、庶民の財布に実にやさしい大衆プライス、そのコストパフォーマンスも、知る人ぞ知る注目のエリアだ。

足立区でもうひとつ注目しておきたい酒場のジャンルが「焼肉屋」である。決してきれいな店でもなく鉄道駅から歩いていけない立地の悪さながら行列が絶えない話題店「スタミナ苑」のみならず、希少部位を食べさせてくれる千住の「焼肉京城」、激安で有名な「ピカソ」、そのほか、かの「平城苑」や「山河」も足立区からスタートしている。美味しい店や特徴ある店、コストパフォーマンス抜群の店など、さまざまな焼肉店が充実していて有名店も多い。

特に私が好きなのが、焼き肉屋ながらひとり焼肉用のカウンターがある長興屋本店。長興屋は今では何店舗もあるが、スタートは、足立区興野《おきの》にあるこの店だ。カウンターの上の焼き台でちびちびモツやカルビを焼きながらビールを飲む。昭和29年に店を始めて昭和38年頃、今の店に建て替えたのだという。当時から焼き肉屋だが、当初は近隣の労働者がやって来て、あまり肉は売れず酒ばかり出たと、以前ご主人が話していた。足立区は外国人の人口が新宿区、江戸川区についで23区で3番目に多いが、在日韓国・朝鮮人は、新宿区に次いで2番目に多い（2017年10月現在）。東京朝鮮第四初中級学校も足立区興野にある。そんな環境が背景にあるのだろう。

では、なぜ足立に実力派・大衆酒場が多いのかを少し掘り下げて考えてみたい。

昭和30~50年代、千住の飲み横は連日連夜ものすごい人混みで、0時1時になっても人がゾロゾロ出ていたと聞いたことがある。千住の流しに始まり2017年に50年目を迎えた演歌歌手、渥美二郎さんは「当時の千住はものすごい活気でした」と話す。1978年（昭和53年）発売の「夢追い酒」で280万枚というヒットを飛ばし、演歌では初めてTBSのベストテン入りを果たした。「ベストテンでは、ときわ通りで、流しを50人くらい後ろに従えて歩きながら、

▶北千住駅西口の飲み横にある「焼肉京城」

念願の『千住から生中継』をやりました」。当時、飲み横を流した流しの数だけで、50人とも100人とも言われるほど。ではいったいどれだけの数の男たちが毎夜、飲み歩いていたのかと思うと、想像するだけでわくわくする。

1956年（昭和31年）創業の前出「まじ満」は飲み横よりさらに南側、駅から離れたミリオン通りという商店街に面している。ご主人の間嶋昭人さんの話の中に、大衆酒場がたくさんできた経緯がうかがわれる。「この通りにはミリオン座（映画館）、ボーリング場、パチンコ屋もありました。千住河原町や千住関屋町に工場がたくさんあって、みんなこの商店街で買い物したので、夕方は歩くと人とぶつかるほどでした」。当時の商店街の賑わいが目に浮かぶようだ。そう。前述のように、昭和の時代、面積の広い足立区には多くの工場、また倉庫や物流拠点があり、多くの労働者が働いていたのである。

昭和31年の足立区の地図を見ると、千住地域だけ見ても、かのお化け煙突の千住火力発電所を筆頭に、日本皮革（現・ニッピ）、日本製靴（現・リーガルコーポレーション）、昭和ゴム、前田鉄工場、その近隣の鉄工場群があり、このほかに鉄道網が集中する千住には、現在もあるJR・東武の北千住駅、東武牛田駅、京成千住大橋駅、京成関屋駅のほかに都電の各駅、また千住貨物駅という、貨物を取り扱う駅や周辺の倉庫、専売公社の倉庫まであった。さらに、足立市場という大きな流通の要があり、当時は足立区役所も千住にあった。

千住を離れても、大きな工場がいくつも見られる。西新井の日清紡績、梅田の田辺製薬、大谷田の日立製作所、日立の職員寮があり日立村と呼ばれた綾瀬、三共製薬……。このような大手の工場には、それを支える小工場や内職のネットワークが近隣にあり、さらに、足立区は実は昔から菓子やおもちゃの製造、また皮革産業もがさかんで、菓子工場やおもちゃ工場、靴やカバンの職人など、家族プラスアルファで営む小さな町工場も多数あった。

仕事上がりの酒ほどおいしいものはない。

汗して働いた男たちが（当時は主に男だったかな……）、ちょっと一杯ひっかけて帰る。そんな男たちを快く酔わせる、安くてうまい酒場が集積し、しのぎを削ったのではないかと想像する。北区の王子や赤羽、十条、葛飾区の立石など、大衆酒場の多いまちには共通して、かつて労働者がいた。

日本の産業構造が変化し、地価の高騰とともに工場は徐々に郊外へ、また海外へと移っていき、東京で働く工場労働者は数少なくなった。先ほど例をあげた数々の大きな工場は今、一つも残っていない。ただ、労働者たちが築いてきた酒場文化が足立区には今も残る。

さらに、足立の食は大衆酒場にとどまらない。ということに多くの人が気づき始めた。

私が以前、仕事をしていた出版界、さらに広くマスコミの世界では長い間、足立区は「何もないところ」だと思われていたように思う。そこそこ有名だった「千住」もしかり。

私がフリーのライターとして仕事をはじめた当初、20年近く前のことになるが、当時かなりマニアックなまちを取り上げてとんがっていた某まち系雑誌の編集者に「千住の特集やりましょうよ」と話したときには、「千住だけじゃ特集にならないでしょう」と軽く流されたというか一笑に付された。当時から私は「そんなことないのに」という思いでいっぱいだったが、そうやってマスコミに無視され続けてきたエリアだったからこそ「え、もしかして足立っていろいろある？」と気づいたときのマスコミの食い付きはすごかった。何といっても足立はまだ誰も手をつけて来なかった宝の山、穴場である。テレビの取材が始まり、雑誌社が、食を中心に足立の本を出版し始める。

２０１２年に椎出版社から出された、表紙にどんとどでかいハンバーガー写真を掲載したムック本『足立本』はインパクト大だった。同社のエリア本の中でも初期の出版となった理由を編集部に聞いてみると「魅力はあるけれども、あまり表に出てこなかったまちを取り上げたいと思いました。私自身も町工場や荒川などを取材したのですが、昔ながらの日本と若い人が活躍している面白さ、それにディープなスポットや隠れた名店が多く、とても魅力がありました。反響も大きく随時アップデートしています」（編集部岡村さん）とのこと。

２０１３年１月にはアラヤジャパンから雑誌『Tomagazine─足立区』、２０１３年10月にはぴあから『足立食本』が出版される。足立食本のキャッチコピーは「やっぱり足立はスゴかった！」。『Tomagazine』も椎出版社もぴあもその後、他地域の本を出していくのだが、いずれも足立区の本を最初またはかなり初期に出し、椎出版社とぴあはアップデートもしている。

前後して、もう少し前から地域本に取り組んで来たＪＴＢパブリッシングとＫＡＤＯＫＡＷＡからも、『るるぶ足立区』『足立区Walker』が版を重ねて出版されている。まさに、ここ数年のまち系ムックは足立流行り。さらに２０１７年は、ＮＨＫが地域発ドラマとして取り組む東京エリアの第二弾として、八王子市に続き足立区を選んでくれた。この中では、足立区の給

▶『足立本』（２０１２年版）

食と銭湯、また荒川土手などが重要な要素として描かれている。プロデューサーの勝田夏子さんに足立区を選んだ聞くと、これまであまり取り上げてこなかった区ということに加えて、下調べをしてみてとても魅力を感じたと話してくれた。

「いろいろな人と話をしてみて、皆さん、見る目が確かだと感じます。表層的なことに惑わされない強さを持っておられる。また、歴史もあるのですが、新しいもの、新しい人を受け入れるふところの深さもあって、それが現在の活気につながっているのではと感じました」。

メディアつながりでちょっと話がずれたが、酒場プラス、バラエティ豊かな飲食店が、今注目されている足立区である。

足立区はラーメンのまちでもある

酒場、飲食店の話をするなら、ひとこと、触れておきたいジャンルとして「ラーメン」がある。酒場のメッカ千住は、〆のラーメンもということになるのか、都内有数のラーメン激戦区のひとつである。また、某雑誌で「新しきラーメン聖地」と命名されていた竹の塚周辺にも、旨くてしかも安いラーメン店が集積している。足立区で発行している「竹の塚MAP」に掲載している「武藤製麺所」のオーナーのインタビュー記事では、同じ内容のラーメンなら「都心に比べて200円は安いです！」と話している。

これら個人店はもちろんだが、関東で存在感を持つ老舗ラーメングループが足立区周辺で展開していることも興味深い。1928年（昭和3年）に創業者が製麺業を始めたという長い歴史を持つ㈱珍来は、直営・グループ店合わせて34店あるが、直営店の1つが足立区梅島にあり、計7店が足立区内に展開している。また、直営店、フランチャイズ店あわせて１７４店舗を展開する、昭和43年創業の㈱くるまやラーメンは、足立区の綾瀬に本社を置く（店舗数は平成29年4月末現在）。同社は一時、約５００店舗まで展開し、その展開が急激すぎて、一度、会社更生法に基づき「倒産」をしている。その後、経営陣が入れ替わり、２００１年から現社長となっているので創業当時の話は社内に言い伝えられている「都市伝説的」な話ではあるが、たいへん興味深いので、少しご紹介したい。大西宏禧社長と蛭川健取締役に伺った話をまとめてみるところである。

初代社長は、トラックの運転手をしていたが、「これからは食い物屋が伸びる」と思いつき、１９６８年（昭和43年）、国鉄綾瀬駅前にうどん・そば店を開業する。そして、たまたま入った、綾瀬警察署近くのラーメン屋のスープがとても美味しかったので、毎日のように通って味を教わり、１９７０年頃、国道4号沿いの足立区平野町で観光バスを改造してラーメン屋を始めた。くるまのラーメン屋ということで「くるまやラーメン」の名に。トラック仲間が来てくれるようにと、味噌ベース、ニンニクたっぷりのパンチの効いた味とし、ロードサイドに、駐車場の広い店を出したことなどが当時まだ珍しく、話題を呼んで人気店となったという。また、それを見たトラック仲間が後に続き、フランチャイズ展開で一気に広まった。初代社長は、いつも調味料を持参して、どこでも新しい味にチャレンジするような人で、「初代社長が真似のできない味を残してくれたので今がある」と言う。

足立区に多い運送業や建設関係の労働者の支持を受け、直営の路面店1号店となった青井店

▶くるまやの味噌ラーメン

から全国へ。当時の足立区は人口も多く、働く人も多く、とにかく元気で、食欲、消費欲にあふれていたと思うと蛭川取締役。今は、青井店に行ってみると、そういった労働者風情の客にプラスして、家族連れやサラリーマン風の青年、学生なども多い。ゆったりと広い席や小上がりなど、家族や女性も意識した郊外型の店づくりに近年は力を入れている。

「くるまやラーメン」は、「地域のお客様に育ててもらった店だから」との思いで、健全な収支で終えられた年は、足立区の福祉事業に支援するようにしていると聞く。

「くるまやラーメン」でお話を聞かせていただいて、なるほど、足立はラーメンのまちだとあらためて感じたが、さらに、昨今のラーメンブームが始まるもっとずっと以前から、全国のラーメン店を食べ歩き、2人の小学生のパパとなった今でも年600杯（つまり1日1杯以上！）のペースでラーメンを食べ続けている足立区在住の友人、ハンドルネーム「ばぶ」さんにも、今アツイ、足立区のラーメン事情を聞いてみることにした。

ばぶさんは、「ばぶのらーめん劇場」という、決してまめに更新しているとは言えない（失礼！）ホームページを運営、おいしいラーメンを求めて、都内はもちろん、全国、ときには海外まで飛んで行ってしまう男。日本ラーメン協会が2017年7月11日に立ち上げた「日本ラーメンファンクラブ」の立ち上げ中心メンバーとしても動いてきた、業界でも一目置かれるラーメンオタクだ。

そのばぶさんによると、足立区のラーメン事情として特記すべきは、2点あるそうだ。

ひとつは、都内の豚骨ラーメンの最高峰もいえる足立区一ツ家の「田中商店」と、難しいジャンルの牛骨ラーメンを成功させ人気店となっている千住の「マタドール」。豚骨と牛骨の両

▶マタドールの贅沢焼牛らぁ麺

巨頭が足立区にあること。

ばぶさんによると、豚骨スープには豚骨ならではの「臭み」が欠かせないが、田中商店の豚骨スープの臭みは「ものすごく程よく」、都内でも「田中商店」を超える豚骨ラーメンは「今のところない」のだという。

一方、2011年にオープンした「マタドール」の主人は、フレンチ出身で、これまで日本のラーメン業界であまりチャレンジされてこなかった「牛骨」スープで業界に躍り出た。「牛骨は鶏や豚と違って、硬質な出汁で扱いが難しいが、「マタドール」は牛の甘みを引き出した出汁で、洗練されたきれいな味。豚や鶏のやわらかな出汁とも全く違う。これまでになかった新しい味で牛骨ラーメンというジャンルを牽引している」（ばぶさん）。

この2店が、豚骨と牛骨という両極のジャンルでラーメン業界で大きな存在感を持っていることが、足立大好き&ラーメン大好きばぶさんにとっては誇りなのだそうだ。

そして2つめの特徴として、辛いラーメンのジャンルで注目の店が足立区に3店集中していることをあげてくれた。辛い。同時に旨い。そういうラーメンは少ないという。ばぶさんが勧めるのは、千住の「麺屋音別邸」、五反野の「カラツケグレ」、大師前の「麺屋多伊夢《たいむ》」の3店。辛いラーメンは辛いだけになりがちだが、足立のこの3店はいずれも、濃厚で、辛くて、旨い、と絶賛している。

20年前には大学のない区だった足立区だが、次々と開校が続き、今は5大学のある、1万人の学生や先生たちが闊歩するまちとなった。いつも不思議に思うのだが、大学生（男子）はお金がないないと言いながら、ラーメンには1000円近い料金を惜しみなく支払う。そんな需

▶麺屋音別邸の辛痺濃厚味噌ラーメン

要の増大も要因なのか、ラーメン店の新規開店も多い。新宿区や、池袋・高田馬場などを擁する豊島区などと比較すると店舗数で多いというわけではないが、「大学のまちにもなり、これから5年、10年後がどうなるのか、とても楽しみなのが足立区です」と話してくれた。

魚が安くて旨い！

次に、他地域と比較して大きく抜きん出ている「食」のひとつが、千住の魚だ。2人で行っても決して2人前の刺し盛りを注文するなかれとささやかれている「広正」は、とにかく盛りがすごい。魚屋が経営する家族酒場は、盛りも包丁さばきもダイナミックだ。ほかにも、大衆酒場のくだりでも紹介した「酒屋の酒場」や「徳多和良」、貝とマグロ、干物が極うまの「粋心亭」、築地で食べたらきっと3000円する海鮮丼が1500円で食べられる「市場食堂さかなや」、プロが通う足立市場、場外の名店「武寿司」など、とにかく魚のコストパフォーマンスは素晴らしい。

というのも千住には、都内唯一の水産物専門の卸売市場、足立市場がある。自転車でひょいと行ける距離に市場があるまちの飲食店は、市場と密接なつながりを持つ店も少なくない。

たとえば「酒屋の酒場」の主人は、長年この足立市場で仲買を手伝って働いていた。目利きがすごいのも当たり前だし、融通してくれる仲間も市場にいる。

「市場食堂さかなや」の主人はまだ41歳と若いが、30歳のときに大志を抱いて、友人と足立市場で仲卸問屋を新たに開業したツワモノ。足立市場の仲卸で最年少だったそうだ。今の若い人

▶広正の2人前刺盛り

は本当においしい魚を知らないからと、「本当においしいものをお小遣いで食べられる店をつくりたい」と、7年前に「市場食堂さかなや」を開業した。どちらも駅から少し離れており、決して立地が良いとはいえないが、その素晴らしすぎるコストパフォーマンスで、知る人ぞ知る人気の店となっている。ほかの店もしかり。

築地は有名なので、自然と値の張る店も多いが、千住は、はっきりいって穴場である。安くておいしい店が多い。東京で魚を食べるなら、足立区。千住がおすすめだ。

ちなみに、足立市場は築地のように場外の店が多いわけではないが、2カ月に一度、「足立市場の日」と称して、一般のお客様も買い物できる時間を設けており、賑わっている。

野菜の市場は古くからある

そしてもうひとつ、足立区には、青果・花卉専門の北足立市場もある。

歴史的には、江戸時代以前から千住の旧日光街道沿いにやっちゃば（青物市場）があった。野菜の市場の歴史は古い。

関東大震災を契機に、日本橋魚河岸の一部が南千住に、その後千住へと移転してくる。この魚類と、やっちゃばの青果を統合する形で、公営の中央卸売市場が開設されたのが１９４５年（昭和20年）。戦後はものすごい活気というか混雑を極め、１９８４年（昭和59年）、青果部が足立区入谷《いりや》に移転となる。これが、現在の北足立市場である。このときから、千住の市場は水産物専門となった。

▶昭和初期のやっちゃば（千住）

「あだちベジタベライフ」と称し、野菜を食べようと呼びかける運動に取り組む足立区の動きもあり、北足立市場も覚書を結んで全面的に協力、足立区の「ベジタベライフ協力店」に登録している商店は、なんと598軒（2018年1月現在）もある。飲み屋からラーメン屋、カフェ・喫茶店に至るまで、足立区では野菜を取り入れた各店のイチオシ・メニューが食べられる。

ほかにも、野菜にまつわる動きはいろいろある。

足立区は面積が広いだけあって、知る人ぞ知る農業区であるが、足立区の特産品である小松菜を「あだち菜」と呼び、うどんに練りこんで製品開発してしまった人たちがいる。あだち菜うどんを食べさせる店は年々、着々と増えており、現在22軒（2018年1月現在）。これがまた、美味しい。緑色の濃い太めのうどんは、出されると最初、ちょっと驚くが、もちもちしたこしのある麺にイヤミのない小松菜の風味、そして各飲食店がそれぞれ、とても真摯に取り組んでいるので、つけダレにも工夫が凝らされていて、いずれもとても美味しくまた、印象的なメニューに仕上がっている。2016年、NPO法人あだち菜うどん学会ではついに、乾麺まで発売を開始した。

高級ねぎの代名詞とされてきた「千寿ねぎ」をメニューに取り入れて売り出す動きもある。個々の飲食店のアイデアにより、千寿ねぎを丸ごと焼く「一本焼き」や天ぷらなどのほか、江戸時代、庶民の食べ物だったという「ねぎま鍋」をメニューに取り入れている飲食店は、私の知るだけですでに10店舗をくだらない。ねぎまの「ま」は、この場合、マグロをさず。マグロの競りが日々行われている足立市場が足立版のレシピを公開しており、各飲食店はそれぞれ流にアレンジして供している。江戸時代には、捨てられる部位だった「トロ」部分が使われたと

▶「ゑの木レストラン」のあだち菜うどん

いうが、現在の千住では、トロを使う店もあるし、脳天だったり、メカジキだったり、さまざま。だしの部分や、ねぎとマグロ以外に加える食材もさまざまである。

ちなみに千住ねぎというのは、千住で採れるねぎという意味ではない。千住には、日本にひとつしかない長ねぎ専門の卸売市場がある。この市場を通過したねぎ、つまり目利きのねぎ商たちにより選び抜かれたねぎを「千寿ねぎ」と呼ぶのである。旧日光街道沿いに軒を連ねたやっちゃばの店々は移転し、今はほとんどが住宅に変わっているが、この長ねぎ専門の青物問屋「山柏《やまがしわ》青果物市場」だけは旧街道沿いに残り、毎朝の早い時間にねぎ商たちが集まり、威勢の良いセリの声を響かせている。

魚の市場と野菜の市場。2つの市場が揃い、さまざまな食シーンが展開される足立。

足立の食文化は豊かだ。

足立は「食のまち」と言っても過言ではないだろう。

▶「市場食堂さかなや」のねぎま鍋

▶ねぎ商「葱茂」の安藤賢治さん

銭湯といえば足立

夫と中高生の子ども2人、4人暮らしのわが家は、週一銭湯である。

自宅に小さな風呂はあるが、わが家にとって週に一度の銭湯通いは、1週間たまった疲れをすっきり落とす重要なリラックスタイムである。大きな湯舟は自宅の借家のユニットバスとは大違いだ。お湯をたっぷり使って気が済むまで体や髪を洗う。天井がものすごく高くて広々とした浴室は、どんなに寒い夜でも暖かくて、裸のままのんびり過ごすことができる。すっかり体が冷えてしまった極寒の夜に、「裸」という究極のフリー状態でぬくぬくと長い時間過ごす幸せがいかほどのものか、もし近年銭湯に行っていない人がいれば教えてあげたい。

からだがきれいになったら大きな湯舟にゆっくりとつかる。広い湯舟ではいろんな姿勢をとってみるが、おススメは、おなか側を下にして湯舟のふちに腕をのせて、その腕の上に頭を置いて体を伸ばすスタイル。ふだん縮こまっている、胸からおヘソあたりの脂肪たっぷりのおなかまわりを、ふんだんなお湯の中でぐぐーっと伸ばす。かなりすっきりする。湯舟の中で全身を思いっきり伸ばすっていうのは、自宅の風呂ではぜったい望めないこと。

寒い冬の日も、大汗をかいた真夏の日も、銭湯の広々空間で裸で過ごすひとときは最高に気持ちがいい。何より、忙しい時には、気持ちの切り替えにもってこいだ。

週末の土曜日か日曜日、家族で銭湯に出かけ、日常の垢をすっきり落としてから、近所の居酒屋できんきんに冷えたビールを飲む。その幸せはまさに、筆舌につくしがたい。ビールとつ

▶金の湯（千住柳町）

▶梅の湯（千住旭町）

まみでだらだら飲んでいる親の隣で、子どもたちは、酒場では〆のはずの焼きおにぎりを最初に頼んで、酒のつまみをおかずに、家ごはんとはまた違う、ちょっとうれしいごちそう晩ごはん。何といっても千住は飲み屋も充実している。ぐうたら母のたまの手抜きは、子どもたちも大歓迎なのだ。

前置きが長くなってしまったが、そもそも、家から歩いて行ける範囲に何軒も素敵な銭湯があったことから、私たちの銭湯通いは始まった。

銭湯数は都内3位

まず、その数を見てみると、現在23区で3番目に多い（1位大田区、2位江戸川区。2018年3月現在）。それでも多いほうなのだが、以前は、ダントツに多い大田区に次ぐ2位という時期が長かった。足立区にはなぜ銭湯が多いのか、昭和2年に創業し、現在3代目が営む千住の名物銭湯、「タカラ湯」主人、松本康一さんに聞いてみた。

銭湯数が一気に増えた高度経済成長期、足立区には工場、特に小さな町工場が多く、工場で働く人たちや職人さんたちがたくさん来てくれたという。最盛期には大みそかに3000人のお客様があったこともあるという。「最後はお湯がドロドロだったんじゃないかなあ（笑）」。ちなみに現在の都内の銭湯の1日入浴者数平均は約150人と聞く。都内でありながら当時まだ田畑が広がっていて、比較的地代の

▶曙湯（足立）

▶フリーペーパー『銭湯といえば足立』

安かった足立区に工場が集中し、東北から出て来た金の卵たちが、東北の玄関口でもあり、家賃の安い足立区に住んだのではと話してくれた。

後継者がおらず廃業が続いている銭湯業界のなかで、非常に残念なことに足立の銭湯も昨今急激に数を減らしている。東京でピークだった1968年（昭和43年）を例にとると、東京都内の銭湯数は2687軒。当時足立区には、大田区185軒に次ぐ158軒の銭湯があった。しかし現在はなんと足立区内の銭湯数は34軒（2018年3月現在）となってしまった。ここ数年の減り幅がガクンと大きい。とはいえ、都内で銭湯の多い区であることに違いはない。

キングオブ…のメッカ

数の多さとともに、特徴ある銭湯が多いことが、「銭湯といえば足立」と言いたくなる所以である。銭湯研究家の町田忍さんが「キングオブ銭湯」と呼ぶ「大黒湯」（足立区千住寿町）は、現在のわが家の最寄りの銭湯だが、とにかく大きい。1929年（昭和4年）築の重厚な宮造りの外観の、正面に見える屋根部分が、下から、唐破風、千鳥破風、さらにその上に大きな千鳥破風と、三重に重なる。二重になっている屋根はよく見かけるが、三重になっているのはかなり珍しいそうだ（下右写真参照）。

古来東京の銭湯はこのような寺に似た形をしていたわけではなかったが、関東大震災の後、みんなを元気づけたいと宮大工が手掛けたとある宮造りの銭湯が評判を呼び、以降そのスタイルを真似して建てる銭湯が増えた。そのため東京近郊には「宮造り」と呼ばれる銭湯が多いの

▶大黒湯外観と格天井

だが、その流行の初期に建てられたのが大黒湯である。中へ入ってみると、さらに豪華だ。脱衣場の高い天井は、寺院でよく見られる格子状に木縁で区切られた格天井《こうてんじょう》。その板一枚一枚に、なんと一一四枚の花鳥風月の絵が描かれている。長い年月を経て、木の色が濃くなりよく目を凝らさないと見えないが、ここまで手をかけお金をかけ、意匠を凝らした銭湯はまれである。今は男女ともサウナと露天風呂もある。丁寧に少しずつ改装を重ねながら営業されているが、昔のままの建築意匠を大事に守り続けておられる。

また、「キングオブ縁側」と呼ばれる「タカラ湯」（足立区千住元町）も格別である。１９３８年（昭和13年）築の建物もさることながら、庭がすごい。四季折々の花や草木、そしてゆったりと広い池には小さな石橋がかけられており、体長60センチもあるカラフルな錦鯉が何匹も泳いでいる。銭湯には小さな庭があるところが多いが、タカラ湯の庭とそれを見渡す長い縁側の癒され度はまさに、日本一と呼んで文句を言う人はないだろう（庭は男湯側。水曜のみ女湯と入れ替え）。

実は、この「大黒湯」、「タカラ湯」に勝るとも劣らぬキング級の銭湯が過去に同エリアにあり、こちらは廃業後、江戸東京たてもの園に移設され、今も見ることができる。映画『千と千尋の神隠し』の湯屋のモデルとなったともいわれている「子宝湯」である。このような豪華銭湯が狭いエリアに集中していることから、前出の町田忍さんは、千住地域を指して「銭湯のゴールデントライアングル」と呼ぶ。

▶タカラ湯（千住元町）

銭湯のチャレンジ！

このような昔ながらの宮造りスタイルの銭湯も足立区には多いが、近代風に改装したチャレンジャブルな銭湯も少なくない。

東京都浴場組合足立前支部長の経営する「大平湯」（足立区青井）は、近年の新スタイル銭湯の先駆けである。２００１年の改装時、銭湯がどこでも同じ形をしていることに疑問を感じ、建築家の今井健太郎氏に設計を依頼、東京のデザイナーズ銭湯第1号となった。温泉と比較し銭湯では、湯舟に入る際に足を持ち上げなければ入れないことに疑問を感じ、浴室の床から足をおろす形で入れるバリアフリー型の浴槽とした。また、女湯の歩行湯、男湯の露天風呂、シャンプーの備え付けや生ビールが飲めるバーカウンターなど、当時、新しいチャレンジが始まったばかりだった銭湯業界の中で、どの取り組みもいち早く、注目を集めた。

「湯処じんのび」もユニークだ。こちらも思い切った改装を行った銭湯で、しゃれた内装や露天風呂、飲食できる座敷などのほか、別階にカラオケルームもある。一方で、ご主人は「銭湯こそ元祖・地域の教育の場」だと言い、子どもたちにかける声は厳しくもあたたかい。近代的な快適さと、ちょっと昔風のあたたかさとが共存しているユニーク銭湯である。

代々美人女将で有名な「大和湯」（足立区柳原）は、外観は風情ある宮造りをそのまま残し、２０１３年、内装を一新し、間接照明で落ち着いた浴室になった。３代目女将はまだ40代だが、この地で生まれ育ち、お婿さんを迎えて子育てもしてきた。地元・柳原ＬＯＶＥの人である。銭湯を継いでほしいと親から言われたことは一度もないというが、自分で継ごうと決め、いつ

▶大平湯（青井）

▶湯処じんのび（西新井）のご主人・田中紀代和さん

か内装を変えたいと思い続けた夢を実現した。

　銭湯の経営者側は高齢化が進みつつあり、悲しいかな廃業する銭湯も多いが、利用者側には、確実に若い世代が増えている。私の行きつけの大黒湯では、以前は少なかった小さいお子さん連れの若いママや、3~4人で来る若い女性、独身男性グループ、若いカップルなどが、近年目に付くようになって来た。今や内風呂の普及率は持ち家で99・3%、借家で97・2%（統計局調査／2008年）と風呂のない家に住む人は少なく、わが家のように家に風呂があっても楽しみにときどき通ったり、あるいはスポーツ、ランニングの後で利用する人、また、エリアや情報発信の仕方によっては外国人が多く来ている銭湯もある。

　2020年の東京オリンピックに向けて日本の文化を見直す機運が高まっていることもあるのだろう、テレビや雑誌の取材、銭湯紹介も以前と比べて格段に増えている。風呂なしアパートから銭湯に通っていた時代から、都市の暮らしの癒し、あるいは娯楽として、銭湯はこれから注目されていくだろうし、その速度が加速して廃業の流れが止まってくれることを願う。足立区の銭湯は、他地域に先駆けて、中高生学割（300円）も始めた。小学生180円の入浴料が、中学生になったとたんに大人料金460円になってしまう負担を少しでも軽減したい。若い世代に銭湯に来てもらうことが、銭湯業界の未来を救うと考えて。中高生を抱えるわが家にとってもありがたい限りだ。

「銭湯といえば足立」である足立区が、銭湯業界の牽引役となれればよいのだけれど。そのためには、足立区民の皆さん、ぜひお近くの、エコでハートフルな極楽空間へ。銭湯を楽しみながら、応援しよう。子どもたちには日本の素敵な文化を伝えながら。週一銭湯をお試しを！

▶大和湯（柳原）

▶大和湯の女将・森山悦子さん

「五色桜」を復活させる人たち

明治期、足立は桜の名所だった

足立区南部を横断し、今となっては東京を代表する大河である荒川が実は人の手で掘られた人工の河川であることは序章でも述べた。荒川が掘られる前、たびたび洪水をおこし、かつての東京で荒ぶる川、荒川と呼ばれたのが、現・隅田川。

この新・旧荒川にまつわるエピソードは数限りなくあって、この紙面ですべてを紹介することはできないが、足立区を語るなら絶対に忘れることのできない、壮大で、素敵な物語がひとつある。それが荒川堤の五色桜《ごしきざくら》である。

荒川堤の五色桜。

桜と言われて思い浮かぶ白っぽいピンク色だけでなく、黄色や黄緑、紫、薄墨など、色とりどりの多色、多品種の桜が立ち並ぶ桜並木の様子を、「五彩の雲が棚引く如し」と新聞記事に書かれたことから、五色桜と呼ばれるようになったと伝えられている。明治期、荒川堤の五色桜は、都内でも有数の桜の名所として全国に名をはせたという。最盛期だった明治30～40年代ごろは、花見の時期には隅田川に乗合船が出たり、定期航路が延長されるなど、多くの人びとが訪れ、賑わいを見せ、後の昭和天皇も観桜に来られた。

『江北の五色桜』という、とても丁寧に歴史を読み解いた書籍を発行した「江北村の歴史を伝

▶『江北の五色桜』

える会」会長の浅香孝子さんはこう話す。

「当時桜の名所は上野、隅田川（下流）もありましたが、そのころ人気だったソメイヨシノを植えるところが多く、荒川堤のように多品種の桜があれほど長い道のりで植えられたところはなかったんです。今の地名でいうと鹿浜から西新井橋まで、土手に沿ってなんと6キロ、78種、3225本あったといいます。そのきらきらと色とりどりに輝く桜の風景を『水晶が輝くようだ』と表現した人もいます。だからこそ、ほかになかった風景だったからこそ、日本中から花見に人がやってきたのでしょう」

しかし、そう聞くと、いろいろと疑問がわく。

まず、荒川堤ってどこなのか？
そもそも、なぜ、いつ、桜を植えたのか？
そしてなぜ、荒川堤では、ほかと違う桜を植えたのか？

まず1つめの疑問、荒川堤の場所が気になって地図を広げた。

明治時代には、現在の荒川はなかったわけだから、旧・荒川、つまり現在の隅田川に沿った土手だったのかと思いきや、当時の地図を見ると、隅田川からかなり離れた東側に、「熊谷堤（荒川堤）」の文字がある。洪水からまちを守る堤防として土を盛り上げつくられた荒川堤は、隅田川に面する平地をしばらく経た位置にあったようだ。2メートルくらい盛土をして作られた堤防で、堤防と川との間に田畑や人家もあったのだという。考えてみれば、昔は水辺にコンクリートのカミソリ堤防なんて造れなかったわけだから、土を盛りやすい位置を探して、水辺から離れた位置に造ったのだろうか。間にあった人家は洪水のときどうなるんだろうとちょっと心配にはなる。当時は埼玉県の熊谷から千住まで続く長い土手で、荒川堤、熊谷堤などと呼ばれた。ちなみに、さらにその南、千住のエリアは、掃部堤《かもんづつみ》（現在の墨堤通り）がまちを守っており、この掃部堤にも多くの桜が咲き、花見の名所だったそうだ。今の墨堤通りからは想像がつかないけれど。

これらの堤は、水害からまちを守るという本来の目的のほかに、堤の上面が道となり、重要な交通路として使われた。埼玉や、現在の足立区も大半が農業地帯だったので、この道を通って千住のやっちゃば（青物市場）へ野菜や米が運ばれた。

この明治期の地図を拡大コピーして現在の地図と重ねてみると、足立区内を通っていた荒川堤の細長いラインは、ほとんどが現在の荒川とその土手の中に入ってしまった。

荒川堤の五色桜は一度は衰退してしまうのだが、そのひとつの大きな理由は荒川放水路の掘削だったことがわかる。また、近隣に建てられた多くの工場による公害や、戦後の貧困期に切られて薪にされるなど、絶滅の途をたどることとなった。

智恵と行動力で桜を植える

では2つ目の疑問、なぜ桜を植えたのか。誰が、いつ、そんなに素晴らしい桜並木をつくったのか。

▶彩色された荒川堤の五色桜の絵葉書

その答えは、先の『江北の五色桜』に詳しい。興味のある方は、足立区の図書館などでもあるこの本を読んでみてほしいが、ここにあらましを紹介させていただく。

そもそも荒川堤（熊谷堤／以下荒川堤という）は長い年月をかけて作られ、元禄～享保年間（1688～1736年）頃に完成したとされるが、明治期、農業地帯だった足立区（当時：南足立郡）にとってこの荒川堤は、千住のやっちゃばまで野菜を運ぶ重要な輸送路だった。にもかかわらず、道は凸凹、人力で引く荷車が重い荷物を載せて進むのに、ガタゴトガタゴト、かなりの苦労があったようだ。

さらに、たびたびの洪水が村を襲った。荒川（現・隅田川）の氾濫は、長い年月の間に周辺の大地を肥沃な土地に育て、自然の恵みを受けた豊かな農村地帯をつくりあげていたが、一方で、突然の氾濫が大きな被害をもたらした。

1885年（明治18年）7月の暴風雨はまた、いちだんと被害が大きかったという。このときの洪水では千住大橋も流された。被害があまりに甚大だったので、当時の東京府知事が3日間かけて被害状況を視察し、住民の話を聞いて回ったのだという。そのとき、江北村役場で対応したのが、のちの江北村村長となる清水謙吾だった。

チャンスだと思った。

かねてから荒川堤の路面の凸凹と日々格闘していた村民たちの苦労と要望を、知事に熱く語り、荒川堤の路面改修工事が決定したのである。

このとき、改修工事とともに桜並木を造成する許可を得るべく、さらに清水は動く。

当時、西新井村や千住で植えられた桜並木が、暑い夏に快適な木陰をつくっているのを見て、村民からも「荒川堤に桜並木を」という声があったという。

許可を得るための、清水謙吾の主張は以下の3点だったそうだ。

1. 桜の木の根により、堤がしっかり補強できる
2. 夏の暑い時期には木陰をつくる
3. 洪水のときには舟をつなぐことができる

このようにして桜並木の造営許可を得た清水は、1886年（明治19年）に路面改修工事が行われた後、江北村、西新井村の村民らとともに、3225本の桜の苗を植樹した。桜の苗の購入にあたっては、近隣の村々から寄付を募り、あわせて295円が集まったという。苗の植樹にも、大勢の村人が参加した。日ごろから大勢で行う農作業や、農道、用水路の改修に慣れていた村民たちは、この壮大な作業を楽しく効率よく行ったようだ。村で塾を開くなど人望熱かった清水の力強いリーダーシップのもと、荒川堤の桜並木は産声を上げた。当時、清水は46歳。

「清水村長の理にかなった主張、判断が、多くの村民の共感を得た。役所が植えたんじゃない。村民がお金を出し合い、村民が植えた。だから、大事に守って来られたのだと思います」（浅香さん）。

3人のキーマン

ところで、このとき荒川堤では、当時の常道だったソメイヨシノに限らず、あえて、手間をかけて78種の里桜を植えた。これを決めたのも清水だった。3つめの疑問である。

私も今回調べていて初めて知ったのだが、桜には山桜と里桜がある。山桜は、大島桜、彼岸桜、寒緋桜など、山などで自生している桜。里桜は、人の手で交配されてつくられた桜である。ソメイヨシノも里桜だが、外見が山桜に似ており、生育が早く大木に育つことから、明治時代に人気となり、多くの桜の名所に植えられたという。

一方、荒川堤に植えられたのはソメイヨシノに限らず、78種の里桜。

日本文化が大きく発展した江戸時代、大名の江戸屋敷では多くの里桜が交配され、大名たちは親しい仲間うちで桜をめで、楽しんでいた。しかし明治になると、これら大名屋敷は放置され荒れていったという。駒込の植木職人・高木孫右衛門がこれを憂い、屋敷内の桜を集めて保存していたものが、この明治19年の荒川堤の植樹に使われた。江戸文化に造詣が深く、かねてから趣味の梅を通じて高木と交流のあった清水が、これら貴重な大名家由来の里桜を後世に残すことに意義を感じたことは想像に難くない。清水が、これが後に五色桜と呼ばれる色とりどりの水晶きらめくような絶景を作り出すことを想像していたのかいなかったのかはわからない。しかし彼のその英断が、江北村に美と賑いと、そして誇りをもたらした。また清水は、桜堤の植樹の記録とそれを祝う詩歌を集めた文集『昭代樂事』（明治24年刊）をまとめた。

そして、この物語には、清水のほかにキーマンがあと2人いる。

ひとりが、船津静作である。静作は江戸期、谷文晁《たにぶんちょう》の弟子で絵師としても活躍した江北村の名主・船津文渕《ふなつぶんえん》の孫にあたる。荒川堤の桜の植樹作業にたずさわったとき、28歳。清水とは家

▶荒川堤の賑わいを写した絵葉書

も近く、親しく交流があった。清水は自分より20歳近く若い静作に、桜の育成と保護を依頼したのだという。日々桜と向き合ううち静作は徐々に桜にのめりこみ、五色桜の桜並木を丁寧に育て守ったにとどまらず、観察をし、日誌を書き、後には衰退しはじめた五色桜を記録に残すため56品種の桜を水彩画で描いた「江北櫻譜」（大正10年）をまとめるなど、後世に多くの資料を残した。

こうして荒川堤の五色桜は、一カ所でさまざまな里桜が見られる地として、多くの花見客の人気となったばかりでなく、植物学者の研究対象としても注目されるようになった。静作の桜の知識の深さには植物学者たちも一目置いたといい、多くの桜研究者が舩津家を訪れ、教えを乞うた。その中に３人目のキーマン、三好學博士がいる。

当時、東京帝国大学教授だった三好は１９０３年（明治36年）に初めて荒川堤を訪れ、その見事さに感銘を受け、本格的な桜研究を始める。静作の協力のもとに、桜の標本を採り、桜の品種研究をまとめ上げたことなどから、植物学における桜研究の開祖ともいわれる人物である。

三好は、荒川堤の里桜の品種を研究し、たくさんの品種登録を行った。日本における「天然記念物」の提唱者でもある三好の働きにより１９１９年（大正８年）に「史跡名勝天然記念物保存法」が公布された後、１９２４年（大正13年）12月、「荒川堤の桜」は、国の「史跡名勝天然記念物」に指定される。この記念碑は、今も、足立区の都市農業公園の前に立つ。

三好は、荒川堤の桜が衰退していく大正期には静作とともに、日本各地、世界各地への分植を呼びかけ、貴重な品種の保存にも奔走した。ふたりがいたことにより、荒川堤の五色桜は大切に育まれ、日本全国にその美しさと価値を知らせることとなった。

そして、もうひとつ、注目すべき出来事がある。１９１２年（明治45年）、アメリカ、ワシントンD．C．のポトマック公園への桜の苗木３０００本の寄贈、植樹である。桜の苗木をつくるには、咲かせたい種類の桜の枝を切り取り（穂木）、その断面を、根のある台木の断面につぎ木をして育てるが、このとき贈られた桜には、当時桜の第一人者だった三好學博士の意見をもとに、荒川堤の12種の桜の枝が穂木として使われた。

背景には、大変な親日家で『シドモア日本紀行』（１８９１年／明治24年刊）という著書もあるエリザ・R・シドモア女史が、かねてから、日本の美の象徴ともいえる桜を、アメリカの首都ワシントンD．C．へ移植することを提唱しており、徐々に賛同者も増え、機運が高まっていた折、ちょうどポトマック公園開発のタイミングに合致し、話が決まった。しかし、１９０９年（明治42年）に最初に送られた苗は、日本での検査や消毒が不十分で、現地に到着したときに害虫が大量に付着しているのが見つかり、焼却処分された。そのため、２度目のの寄贈にあたっては、念には念を入れて台木、穂木が選ばれ、細心の注意を払って苗が育てられ、１９１２年（明治45年）、荒川堤の五色桜は海を渡ったのである。もちろん、この過程で、われらが舩津静作が奔走、尽力したことはいうまでもない。

ワシントンのポトマック公園の桜は激動の時代を生き抜き、今でも桜の名所として春になると満開の桜が人々の目をを楽しませている。

こうやって調べていくにつけ、ああ、明治中期の荒川堤、６キロにも及ぶ水晶のように美しい、五色の桜並木のもとを、のんびり歩いてみたかったものだとつくづく思う。

復活！　土手上の「五色桜の散歩みち」

同じ思いを持つ人はたくさんいるものである。

何とかあの素晴らしい、土手沿いの桜並木を復活させたいと、これまでにいろいろな人が行動を起こしてきた。

荒川堤では消滅してしまった桜が、ワシントンに残っている。ならば、そのワシントンの桜をもう一度……最初にそう考えたのは、1952年（昭和27年）当時の大山雅二足立区長。足立区制20周年のときである。その声に応えて、米国からの「里帰り」が実現するが、高度成長時代を迎える東京の汚れた空気の中で、排気ガスや工場から出る煤や煙などの影響で枯れてしまう。次にチャレンジしたのは、1982年（昭和57年）。足立区制50周年記念事業として、当時の古性直足立区長がリードした。当時のナンシー・レーガン大統領夫人がこの動きを知り、1912年（明治45年）に足立区から渡り、当時のタフト大統領夫人が植樹したタフト桜からさし木した1本を、日米親善のシンボルとして贈りたいと申し出てくださり、ポトマック公園の桜から切り取った3000本の接ぎ穂（枝）とともに足立区に里帰りしてきた。この1本は「レーガン桜」と名付けられ、今も足立区北部の都立舎人公園で大切に守られているほか、このときの里帰り桜たちは、荒川土手や足立区都市農業公園のほか、区内の学校や公園などに植えられ、根付いている。この年、足立区の木は「桜」と制定された。また、翌々年、1984年（昭和59年）に開園した都市農業公園の広場には、五色桜の

▶彩色された荒川堤の桜並木の絵葉書

里帰りをテーマに多くの里桜が植えられた。

このころ、もうひとつ動きがあった。地元・江北小学校の110周年記念式典で、元教諭の「郷土に五色桜を取り戻そう!」という呼びかけから、地域住民の署名活動が始まり、その思いが実って1987年(昭和62年)から植樹がスタート。今では、梅田5丁目から鹿浜2丁目まで、首都高速道路下の歩道脇に5・85キロにも及ぶ桜並木が続く、区内の桜名所のひとつとなった。

このように、五色桜の復活を望む多くの人々の力により、足立区には桜の名所が増えていったが、やはり、かつての荒川土手の桜並木を復活させたいという要望は根強く、署名活動も続いていた。明治のころと違って今の時代、堤防上の桜植樹は、桜の根っこが堤防のコンクリート部分に悪影響を与えるということから認められていなかったが、このような住民の要望を背景に1992年、建設省の「桜づつみモデル事業」として認可を得、荒川土手の堀之内1丁目付近約300メートルの区間に桜の植樹が行われた。20数年を経て、今この堀之内の桜並木は、春になると素敵な桜のトンネルをつくるようになっている。広大な荒川を眺めながら、川風に吹かれ、このトンネルを歩くのはとても気持ちがよく、少しだけ明治期の荒川堤にタイムトリップすることができる。

荒川の土手に桜を植えるには、まず、土台のコンクリート部分に影響を及ぼさないよう、盛土する必要がある。それでも、そんなひと手間を経なければならないとしても、このトンネルの続きをと願う多くの区民の思いを受けて、現・近藤やよい区長のもとで、2011年、「足立区平成五色桜」事業が始まった。

▶荒川土手の堀之内1丁目付近の桜並木

足立区都市農業公園から西新井橋までの4・4キロにわたる土手、かつての「荒川堤の五色桜」におおよそ重なる土手に、長大な桜並木を再現させるという壮大な計画は、堤防の盛土工事は国土交通省が、桜の植樹や道の整備は足立区が担当し、明治期、荒川堤で植えられていた中から32品種を選んでスタートした。

実はこの事業、税金だけを使った通常の進め方ではなく、区民が1本3万円の寄付により植樹費用を負担するという「ふるさと桜オーナー制度」により進められた。

私もこの企画を『あだち広報』で知り、1本申し込んだ。私というより子ども2人の名前で申し込ませていただいた。区民の協力を得て長大な桜並木を荒川土手につくるという大きな夢に共感したのはもちろんだが、足立で生まれた子どもたちが、足立の、それもいつも遊んでいる大好きな荒川土手に、「自分がオーナーの桜の木」を持っているってすごく素敵なことだなあとわくわくしたのだ。

この「ふるさと桜オーナー制度」は、自己負担があるにもかかわらず大人気で、国交省の堤防の盛土工事が終わるたびに区画を区切って募集がかけられたが、毎回2~5倍の申し込みがあって抽選となった。くじ運が良いのか、わが息子と娘は1回目の応募で当選し、無事に桜のオーナーとなることができた。あんなに五色桜に尽力している前出・浅香さ

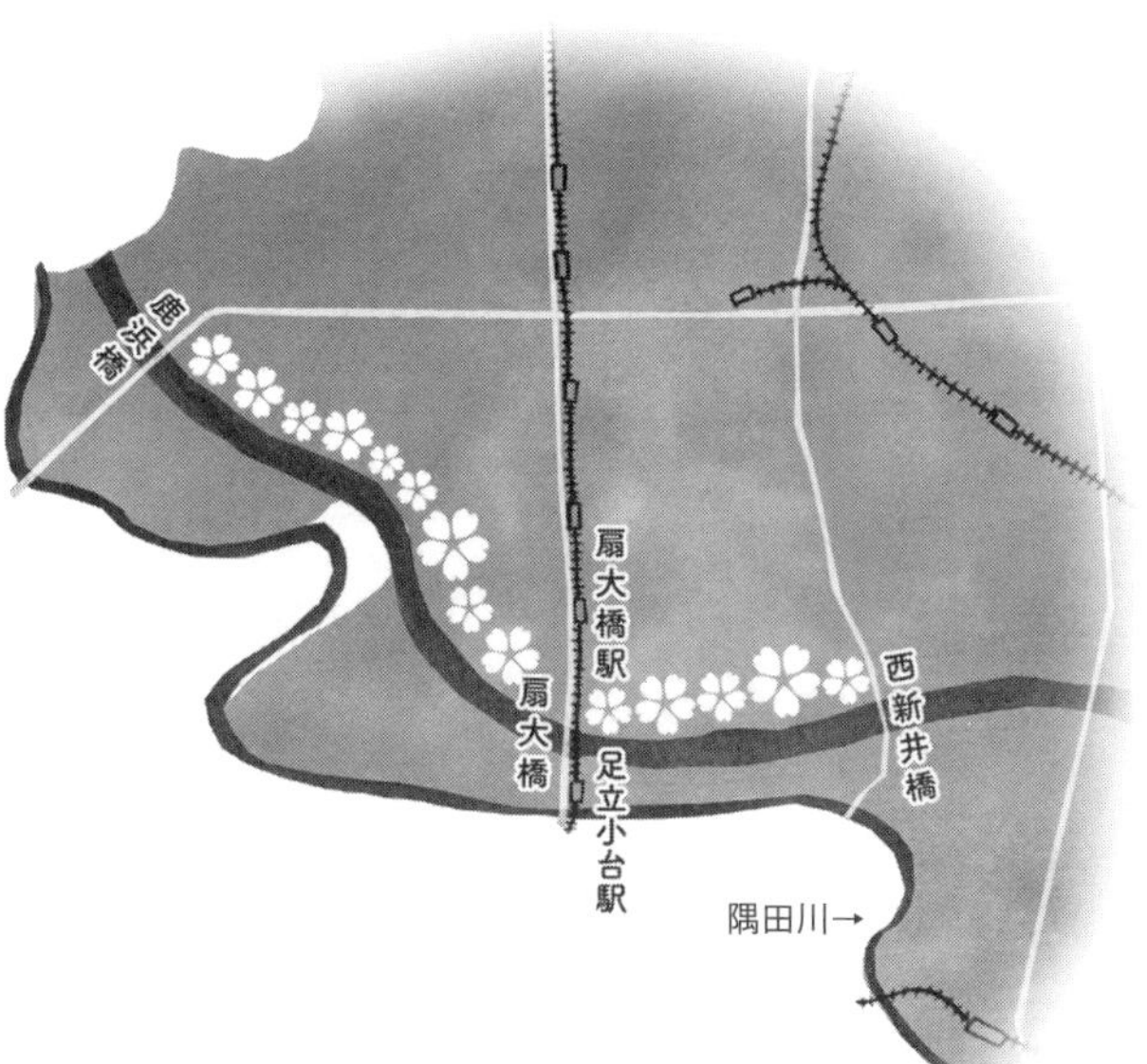

▶あだちの五色桜の散歩みち

んは何度も抽選にもれたそうで、抽選が厳正すぎるんじゃないかと思うほどだが、わが家はなんとも幸運に恵まれ、年々大きくなる桜の成長を楽しんでいる。

このふるさと桜の植樹は、２０１６年の３月にすべて完了し、公募により「あだち五色桜の散歩みち」の名前が決定した。

今はまだ枝ぶりも細く、背も低いが、きっと10年後には素晴らしい桜並木となることだろう。そのとき成人した子どもたちが、ちょっと自慢げに、友達や恋人を地元・足立に誘って花見に来ることもできるに違いない。明治時代の江北村の皆さんが誇りに思い、詩や記録を残したように、足立区の土手の桜並木は将来、東京名物になるのではないか。だって、ただでさえ、散歩が楽しい荒川の土手は東京中を探しても数少ない雄大な水辺スポット。そこに４・４キロも続く色とりどりの桜並木がプラスされるのだから。

浅香さんにこれからの夢を聞くと、2つあるという。「足立区を桜でいっぱいの区にしたい」。そして「桜を介して日米の交流校をつくりたい」という。ならば私の夢は、「あだち五色桜の散歩みち」が西新井橋からもっと先（東）へ、さらに対岸の千住側にも続いてほしいなと思う。そうすれば、荒川の、足立区を横断する土手はすべて桜の土手になる。足立区のキータウンである千住の魅力度はさらにぐっとアップするだろう！　ま、歩いて気軽に川辺に花見に行きたいというのが本音だけれどね。

▶筆者の子どもたちがオーナーのふるさと桜。まだまだ若木だ

足立の子どもはすごいのだ

子どもに叱られる

２０１７年の夏、足立区立西新井中学校に2回おじゃました。

後述のトランペッター山崎千裕《ちひろ》さんの取材をしていたとき、これから西新井中に行くのでよかったら一緒にいかがですか、と言われてついていったのが最初で、その後、むくむくと興味がわいて、もう一度伺った。

自身のバンド山崎千裕+ROUTE14bandや個人の活動のほか、西野カナやゆず、セカオワなど、メジャーアーティストのバックバンドとしても活躍している山崎千裕さんは、足立区が生んだ実力派・女性トランペッターだ。忙しいスケジュールを調整してくれて西日暮里で彼女の取材をさせてもらったのだが、その後、西新井中の吹奏楽部の指導に行くのだという。西新井中学校の吹奏楽部の顧問の先生が、彼女が伊興《いこう》中学校時代に吹奏楽部でお世話になった宇野浩之先生なので協力しているというのだ。

お言葉に甘えておじゃましたのだが、まず、西新井中学校の廊下で、吹奏楽部の生徒たちに口々に、「こんにちは！」と元気よく声をかけたられたのに驚いた。それも、「お客さまには挨拶をきちんとするように」と口うるさく言われてがんばって挨拶している風ではなく、あ、お客さまだ、こんにちは、と自然と口をついて出てきた挨拶に聞こえた。「挨拶をする習慣」というよりも「人に対して誠意を持って向き合う態度」を感じた。ふだんの生活の中では、知らない人と挨拶し合う機会は少ないので、うっかりそのまま廊下を通り過ぎようとした自分をちょっと恥じた。学校というクローズドな社会であっても、そういう習慣がない学校も多い。ただ、足立区の中学校では以前にもこのような経験があったことを思い出した。

もうひとつ、2回目の訪問時、音楽室での合奏練習中に「見学させてください」と入って行った私のほうに、そのとき部屋にいた50人くらいの部員の目が一斉に向けられた。

突然の客をやはり自然に受け入れてくれて、あちこちから「こんにちは」という声が飛んできたが、その声より一瞬先に一番扉の近くにいた女子生徒が私のほうにさっと近づいてきて、「すみません、スリッパはそちらに脱いでください」と指差したのに驚いた。見れば全員、上履きははかず白い靴下のままだった。音楽室はそういう部屋だったのに、私がスリッパのまま入ろうとしたのだ。そしてさらに、その隣にいた女子生徒がささっと動いて折りたたみ椅子を私のところに持ってきてくれた。

そのような行動は当たり前と言えば当たり前なのかもしれないけれど、自分の親のような、先生のような歳の、知らない大人に、さっと間違いを指摘できる子どもは今どきどのくらいいるのだろうか。その場には大勢の子、それに先生もいるので、気づかないふりをしても誰に責められることもなかったと思うのに。そして、自分たちは全員立って演奏しているのに、予定外に訪れた大人が部屋の端に立って見学しようとする姿を見て、さっと椅子を持って行くことができる子どもはどのくらいいるのだろうか。西新井中学校吹奏楽部の子どもたちを半日ほど見ていて、あらためて、部活の力というものを感じた。

▶西新井中学校

足立区の中学校は部活動が盛んである。

特に、音楽とスポーツでは東京都レベル、全国レベルの成績を残す学校も少なくない。山崎千裕さんの恩師であり、西新井中学校吹奏楽部顧問の宇野浩之先生は、東京都中学校吹奏楽連盟の副理事長もされていて都内の多くの中学生を見ているというが、足立の子どもは「とても素直で子どもらしい」と言う。「怖さ」を感じるほど手応えがあり、「子どもたちとの関わりがすごく楽しい」という。

足立区の小中学校の吹奏楽部は、西新井中学校に限らず多くの好成績を残している。その裏側には、厳しい批判を受けることもある長時間部活であるという一面もあるのは事実だ。

山崎千裕さんによると、中学時代、朝練、午後練、土日も練習があり、休みというと正月の三が日とテスト前に部活休止となる1週間だけで、それ以外はほとんど毎日部活づけだったと言う。「夏休みなんて8時半から夕方の6時半まで、毎日学校に行ってました。楽器は1日休むと3日戻ると言われていましたので。楽器の練習だけでなく、朝は校庭3周走って筋トレして音楽室の掃除をして、それからパートごとの練習、最後にみんなで集まって合奏です。1日のスケジュールの中に2時間、夏休みの宿題をする時間もありました」。

顧問は吹奏楽の練習だけでなく、勉強や生活指導にも厳しかったと言い、「部活をやりたいのなら模範的な生徒でいなさい」と言われていた。校則に違反する生徒が一人でもいると全員で部活停止、成績表が出ると、全科目の成績を足し算して全員が一列に並ばせられ、2以下があると、なぜその成績になったのか、その科目の先生に聞きに行かされた。

「吹奏楽部は成績も優秀な子が多かったですね。部活が好きだから、部活をやりたいがために勉強をがんばる人も多かった。でも、朝練も午後練もあって時間がないですから、いかに授業中に理解して、宿題として出されそうなところを授業中にこなしてしまうかに注力していました。テスト前の部活のない1週間は、それまでの部活への集中力を一気に勉強に注ぐ勢いで、みんな勉強していましたね」

山崎さんが中学生だったのは今から少々さかのぼる昔だが、状況は大きくは変わっていない。足立で過ごした中学時代をベースに、夢を叶えた山崎千裕の吹奏楽部生活とその後をのぞいてみたい。

トランペッター山崎千裕のできるまで

山崎千裕さんは、江戸川区で生まれたが、中学に上がるときに、父の実家、つまり山崎さんのおじいちゃんが住む足立区伊興に引っ越して来た。音楽が大好きで、小学校まで、ピアノやクラシックバレエも習っていた山崎さん、家からほど近い足立区立伊興中学校に通うことになり、音楽関係の部活に入りたいと思ったら、あったのは吹奏楽部だけだったという。「吹く」楽器は見たこともなかったけれども、ともかく吹奏楽部に入部した。当時の伊興中学校の吹奏楽部は、宇野浩之先生が異動してきてまだ2年目くらい。新しく入った1年生を除けば、2・

3年生が10人ちょっとしかいない小さな部だったという。吹奏楽部に入り宇野先生の指導を受けることになったが、なんとクラス担任も宇野先生だった。小学校から持ち上がりの子の多い地域の中学校に入り、吹奏楽部を通じて、また宇野先生を通じて、地域と、また学校、友達と、つながりをつくっていった。

ところで、なぜトランペットを？　と聞くと、山崎さんはくすっと笑った。「私、当時、すごく小柄だったんです。本当はフルートをやりたかったんですけど、指が届かなくて。トランペットならボタンが3つしかないからできると思い、決めました」

その何気ない決断が、彼女の人生のひとつ目の舵となる。

「ですが、思うように音が鳴らないんです。それが逆に面白かった。先輩たちが手を取り足を取り教えてくれて、一つひとつできるようになっていくのがすごく楽しかったですね」

宇野先生も専門はトランペットだったそうだが、楽器を教えるのはもっぱら先輩で、コンクールの前になると、楽器ごとの専門の先生たちが教えに来てくれた。宇野先生の指導はというと、「けっこう、理不尽でした（笑）」。

「たとえば、音楽室にある楽器を5分で体育館に運べ、だとか、マーチングバンドの練習で、校庭に20メートル×30メートルの白線を引け、だとか。みんなでライン引きを引っぱって引くんですが、変な形になったり平行四辺形になったり、意外に難しくて正しい長方形ができないんですね。最後には数学の先生に聞きに行きました（笑）」

当時の宇野先生は寡黙で笑わず、ガミガミ言うこともないかわりに、細かな指導もしなかったので、子どもたちは、自分で、今何をすべきかを一生懸命考えなければならなかった。「鍛えられました。でも、試行錯誤しながら一つひとつのミッションをクリアしていくのが楽しかったです。子どもたちに考えさせる指導でした」と山崎さん。今と違って、間違えば指揮棒が飛んでくるなど厳しい指導だったが、「やめちゃう子もいなかった。みんな吹奏楽部が好きだったんでしょうね。先生との間に信頼関係があれば、どんなに怖くても、指揮棒が飛んで来たって、受け止められたんです」。

この、少々理不尽な指導については、後日、宇野先生にウラ話をお聞きした。

宇野浩之先生の吹奏楽部人生は、足立区の第十四中学校の名物顧問・原田徹先生が異動にあたり、その後継者として赴任したことから始まる。武蔵野音楽大学の4年生のとき、大学に話があり、たまたま都の教員採用試験に合格していた宇野先生に声がかかったという経緯だという。宇野先生は杉並区に実家があり、足立区のことはよく知らなかったが、第十四中学校と話したら同級生から「すごいじゃないか」とうらやましがられたことで、赴任を決める。当時、吹奏楽部が全国大会に行くような学校として、都内でも第十四中学校は有名だった。

赴任前に何度か見学に行き、原田先生の指導も見たが、原田先生とは入れ替わりとなったため、1年目は指導力もなく、子どもたちとの関わりも難しく、原田先生の指導を受けていた3年生は何人もやめてしまったという。だが、当時、外部講師として楽器店から来ていた八田泰一《よしかず》先生（故人）と一緒に指導を担当することになって、八田先生から学んだノウハウが後の吹奏楽部指導のベースになっているという。この先生も、日本の吹奏楽部の名門中の名門とも言われる豊島区立第十中学校を指導して来た名物先生で、その指導がとにかく「理不尽」に感じた、と宇野先生が言うのだ。

「何を怒っているのか、ぜんぜんわからないんですよ。たとえば、チューニング中に人差し指で音を上げる指示を出すんですけど、反応できなかった子がいると『出て行け！』と怒鳴り、部屋の外に出してしまう。その様子を見たときは、唖然としました。ですが、出て行った子は廊下で、部屋の中の音を聴きながら、何が悪かったんだろうとあれこれ考える。そして、その子をフォローする先輩がいるんです。八田先生の指導を見ているうちに、この子にこういうことを身につけさせるために、こういう言い方をしたんだということがわかるようになりました」

先の先を読んでの一言。まるで将棋のよう。教師の思いは同じでも、部活がクラスと違う点は先輩がいるということだと、話を隣で聞いていた森山亮二先生がコメントしてくれた。森山先生は定年退職後に西新井中学校に再任用で赴任され、宇野先生と一緒に吹奏楽部を指導されている先生だ。

こうして、新任だった宇野先生も、足立区流の指導をからだで覚え、その後いくつかの学校を指導して現在に至るわけだが、途中、山崎千裕さんを教えた伊興中学校で初めて手がけたマーチングバンドには非常に興味を感じて入れ込み、山崎さんが3年生のときに都代表となり全国大会に出場するまでに育て上げた。

ただでさえ休みのない吹奏楽部生活だったが、山崎さんによると、コンテスト前にはさらに楽器を学校から借りて帰り、誰かの家に集まっては練習を重ねていたのだという。家で練習なんて、大きな音も出るし大丈夫なんですか？　と問う私に山崎さんは、誰からも文句を言われたことはないと言い、「足立区の私の住んでいた地域では、家族も応援してくれたし、地域の皆さんもやさしかったです。それまでの私たちのがんばっている様子を見ていてくれたからじ

▶宇野先生（右）と森山先生

ゃないかな。朝練に出かけるとき前を通るお豆腐屋さんには毎朝『おはようございます』って挨拶してましたし」と笑った。古くは農業地帯で、マンションでなく一軒家が多かったことも家で練習がしやすかった要因かもしれないと山崎さんは言う。

「吹奏楽部のメリットは地域とつながりが強いということです。商店街や地域の祭りに呼ばれて行く機会も多く、子どもたちも必要とされている自分を誇りに思うことができる。晴れ舞台が多く、そんな姿を見て親も応援しようと思う。地域の人も飲み物を差し入れしてくれたり、応援してくれます」（宇野先生）

時代とともに、全国的な流れ同様、足立区でも地域からのクレームは増えてはいるというが、それでも足立区の子どもたちは応援されていると宇野先生は言う。今のところ西新井中学校の吹奏楽部にはクレームはないそうで、ほら、といってチラッと見せてくださった子どもたち一人ひとりから集められた夏休みの予定表には、書く欄もないのに欄外に小さな字で親御さんのメッセージが書かれていた。「体調管理に気をつけて、夏休み練習に参加しますので、宇野先生、どうぞ、よろしくお願い致します」

「都心の子どもたちは、週に3日は塾で、そのほかに、ピアノに英会話に水泳……なんて、とにかく忙しい。足立区では、都心に比べるとまだ子どもたちも忙しくないので、部活動に打ち込めるし、親御さんも一生懸命、部活動を応援してくれます」

塾には行ったこともなく、両親も本人のやりたいことを尊重して応援してくれて中学生活を過ごした山崎さんは、こんなふうに話す。

「先輩後輩の縦社会はとても厳しかった反面、先輩からすべてを教えてもらった。みんなでひとつのものを作るというのは、ものすごく楽しく、達成感があった。マーチングバンドは1人でも抜けたらできない。だから部活を休むことは絶対ダメだと、団体における責任感をすごく感じていましたし、早退したり休む子もいなかった。自分の人生の中で、一番色濃い3年間でした。中学時代の部活がなかったら今の私はないです」

部活動をがんばりすぎた山崎さんは中学3年生になっても行きたい高校も特にないまま、ぱらぱらと受験案内をめくっていたときに「東京藝術大学附属音楽高等学校（藝高）」のページを見つける。興奮して宇野先生に聞きに行ったら「そこに行く気なら今すぐ部活もやめて頑張らないと無理」と言われ「それならいいです」と部活をとった。しかし、秋のマーチングバンド全国大会に向けて猛練習に励んでいた夏休み、宇野先生から「思い出受験でもいいから受けてみたら？」と声をかけられる。それからは「必死」だったという。持ち前の粘りを最大限に発揮し、なんと見事、難関を突破した。しかし入ってみると、子どもの頃から家族ぐるみで藝校を目指して来た全国の優秀な音楽家たちの中で人生初の挫折を味わったという。それでも、そこでもがんばり抜き、東京藝術大学（藝大）の音楽学部に現役合格、現在は日本に数少ない女性トランペッターとして、世界を股にかけて活躍をしている。

中学校卒業以降の紆余曲折のストーリーもいずれまたどこかでご紹介できればと思うが、どんな壁にぶち当たっても負けずに突破し、持ち前の明るさで次の一歩をつかみ取って来た山崎千裕さんの基礎を作ったのが足立区の伊興中学校吹奏楽部時代であることは間違いない。

インタビューの最後に彼女に夢を聞くと「将来はグラミー賞を取りたい」と、ためらうことなく言った。え？　と思わず聞き返してしまうほど大きな夢で驚いたが、彼女の粘りと明るさ、

▶山崎千裕＆ROUTE 14band

突破力を持ってすれば、もしかして夢が現実となる日も来るのではないか。そんな気にさせられる数時間だった。

音楽を通じて子どもを育てる

山崎千裕さんの恩師、宇野浩之先生は、これまでにたくさんの都大会、全国大会で成績を残してきた吹奏楽部の指導者として有名な先生だが、教師生活の大半を足立区内で過ごしてきている。先生の指導する吹奏楽部がどこでも強くなる理由はなんですか？　と少々不躾な質問をしてみると、う～ん……と少し考えてから、「自分は吹奏楽が好きということと、子どもとの関わりがすごく楽しい、ってことでしょうか」と笑う。

教師は残業手当がつかないけれども、とにかく朝から晩まで、行事があれば土日も、そして夏休みもなく、学校の吹奏楽部のみならず、都の吹奏楽連盟のお仕事までされていて、お話をお聞きするほど、頭が下がる思いだ。前出の森山先生は言う。

「子どもたちは、しっかり練習させれば確実に、着実にうまくなるんです。それに、部活が生活指導になっている面も大きい。都大会で、あるいは全国大会で成績を残す学校の子は礼儀も態度もものすごくしっかりしている。それをほかの子どもたちも見ているので、演奏能力がまだ未熟な学校の子どもたちさえも影響を受ける。教師の勤務時間の問題が取り沙汰されていますが、要は先生の覚悟と、それを認める学校や親御さんのムードの問題です」

異動すれば異動先の学校で吹奏楽部を育て、また次の学校へと異動する。そんな吹奏楽部指

▶西新井中学校吹奏楽部2018年の演奏会（以下4枚）

▶宇野先生指揮による演奏。素晴らしかった

導に抜きん出た先生が、足立区内には何人かいる。

昔から足立区は「音楽のまち・あだち」を名乗り、学校教育の現場でも、音楽を通じて子どもを育てようと注力してきた。そのため、先生層が充実していることももちろんだが「私が赴任した1986（昭和61年）当時から、39校あった中学校（現在は35校）全てに吹奏楽部がありましたし、区として吹奏楽を盛んにしようという流れがあった。当時は教師向けの楽器パート別講習会などもありました。楽器は高額ですが消耗品なので足りなくなることもあるのですが、そんなときは予算内で区が購入してくれた。支援体制が整っていたのです」（宇野先生）。

ただ、森山先生のお話では今は、区の方針がダイレクトに「学力」を伸ばす方向に向けられるようになったため、音楽に予算がつきにくくなり、子どもたちから部費を徴収したり、楽器については他校で使われなていない楽器を回してもらうように申請するなど先生たちがそれぞれに工夫しているという。ただ、手続きに手間も時間もかかり、子どもが入部してから楽器を手にできるまでに半年もかかってしまったこともあるそうだ。

今、吹奏楽部にはそのような向かい風もあるが、宇野先生は「足立区は自分を育ててくれたまち」だと言い、足立区の環境はいいと言う。区の支援、地域の理解と協力、親たちの応援、そしてスポンジのように吸収力のある素直な子どもたち。西新井中学校に異動して2年半。今、手応えを感じはじめている。結果が見えてくるのはこれからだと宇野先生は言う。子どもたちのために、もっともっと、吹奏楽やマーチングの発表の場を増やし、活動の場を増やしたい、それが願いなのだと、熱を込めた。

最後に、子どもたちに伝えたいことは何ですかと聞くと、こんなふうに話してくれた。

▶宇野先生の教え子でプロとして活躍する2人がソリストとして参加。山崎千裕さん(右)と杉田久子さん（左）

「一番伝えたいのは、人間関係、コミュニケーションです。いい人格をつくるということです。周囲のことを考えられる優しい子、協力し合える子に育って欲しい。子どもに伝えたいことはそういうことであって、自分は必ずしも吹奏楽部の顧問でなくてもよかったと思います。ただ、音楽が好きで、吹奏楽が好きだから、吹奏楽を通してそれを伝えています」

将来どんな世界に行ってもやり抜く力

「足立の子どもたちは素晴らしい。部活での努力と団結力では他に類を見ません」

数年前に、足立区の教育委員会が発行している『あだち教育だより』の制作に携わり、渕江中学校バレー部の顧問、日笠智之先生にお話を伺ったとき、そう話しておられた。足立区は、中学生「東京駅伝」大会では毎年上位に食い込み、近年、男女ともに優勝を勝ち取ったこともある。特に23区のなかでは極めて選手層が厚いとされる。参加選手は陸上部に限らずさまざまな運動部から選出されており、このような機会に、足立区の子どもたちの運動能力や精神力の強さが際立つ。

足立区は、区立公園の総面積で23区1位を誇る。都会の中にして環境はとてもいい。四方を川に囲まれているため土手のグラウンドも子どもたちの運動場所だ。小さい頃から土手や公園を走り回り、野球やサッカーなどスポーツに親しむ子も多い。足立区出身で、プロの世界で活躍する選手も、少なからず輩出している。近年では、２０１７年侍ジャパンに選出されたヤクルトスワローズの秋吉亮《りょう》選手や、２０１６年リオ五輪のサッカー女子アジア最終予選の日本代

▶会場は満席

表メンバーにも選出された山下杏也加《あやか》選手などが記憶に新しい。

足立区は、スポーツ施設の数が多いのも特徴だ。渕江中学校男子バレー部が都大会2位の成績を残した年にお話を聞いたのだが、そのとき日笠先生はこんな話もしてくれた。

「学校の体育館だけでは毎日の練習はできない。スポーツ施設や近隣の小学校の体育館も借りられる環境は、子どもたちが練習に打ち込めるベースになっていると思う。私が以前赴任していた区ではできなかったことです」

さまざまな条件が揃い、子どもたちの努力は一つひとつ実を結んでいく。その年の渕江中学校男子バレー部は、決勝トーナメントに出場したものの、メダルには手が届かず2位だった。そのとき、日笠先生に聞いた話は忘れられない。

「メダルを取ったら母にあげる、と約束していた子どもたちはこらえきれずに男泣きに泣き、お母さんの首にエアーメダルをかけたんです」。その姿がまた、会場の涙を誘ったという。

「この子たちは生まれて初めて大きな努力をして、何か壁があっても『がんばり続ける』ということを学んだ。その経験は、将来、どんな世界に行っても、やり抜く力になると思う」（日笠先生）

足立の子どもたちが、部活動を通じ、生きる力を育み、生まれ故郷を巣立っていく姿に心打たれた。私が取材させてもらったのが２０１０年。その翌年から、渕江中学校男子バレー部は全国大会に出場するようになり、２０１４年にはなんと、全国優勝を成し遂げた。

▶小学校時代は神社で走り回って遊んでいたサッカー女子の筆者の娘も２０１８年の中学生「東京駅伝」大会の選手に選ばれがんばった。足立区女子の結果は目標としていたよりは下だったが、50チーム中7位だった

ちょっと泥臭いアートプロジェクト～音まち千住の縁～

常識に挑戦する！

千住（せんじゅ）やから1010（せんじゅう）人、集めて演奏しよう……

関西から千住に通ってきてくれている音楽家の野村誠さんが関西弁まじりでそんな言葉を最初に口にしたのは、「音まち千住の縁」というまちなかを舞台にしたアートプロジェクトがスタートしてまだあまり時が経たぬころだったと思う。

「音まち千住の縁」は、昨今流行りの各地の芸術祭、トリエンナーレ、ビエンナーレなどとはまったく比べものにならない低予算で地味に動いているアートプロジェクトだ。携わっているスタッフの人数も少なく、1010人なんてまた、何をご冗談を、という感じでまわりも受け止めていて、野村さんがそんなことを口にするたびに「いつかできるといいですね」的な、決して聞き流していたわけではないが、本音を言うと、さすがに無理でしょうと内心思っていたのは事実である。ごめんなさい、野村さん。

「音まち」。

今は「音」のアートプロジェクトとして全国的にも注目され、千住にとって、なくてはならない、まちの一部のような存在だが、歴史はそれほど古くなく、私が足立区のシティプロモーション課の一員となって間もなく、2011年に動き始めたプロジェクトだ。当初から、足立区と東京都、それから千住にキャンパスのある東京藝術大学音楽環境創造科などが主催として名を並べ、現在は、アーツカウンシル東京、ＮＰＯ法人音まち計画を加えた5者の共催事業である。最初の5年は、私も主担当として前のめりに取り組んだ。

チラシに書かれている文言を引用しておくと、こんな感じだ。

「アートアクセスあだち　音まち千住の縁」（通称「音まち」）は、アートを通じた新たなコミュニケーション（縁）を生み出すことをめざす市民参加型のアートプロジェクトです。足立区千住地域を中心に、市民とアーティストが協働して、「音」をテーマにしたまちなかライブ、ワークショップ、トークイベントなどを展開します。

地域の知られざる場所やモノ、コトなど、地域の魅力を、アートの力を借りて発信するのがアートプロジェクトだと、行政の立場としては認識していた。

しかし、これまで、決してアートと近いところにいたわけではない私にとって、実際に渦中に入ってみた「音まち」は、びっくりするようなことの連続だった。

たとえば、先の野村さんの言いだすことは常に突拍子もないのである。最初に野村さんと千住のまち歩きをして間もなく口にした言葉が「千住だじゃれ音楽祭」。当時の野村さんの問題意識と、千住と、だじゃれ。それらがぴぴっと結びついたらしい。切々と語る野村さんの話を聞いたときには「１００年後には、ジャズやクラシック音楽などと並んで、『だじゃれ音楽』というジャンルが確立されているかもしれない」と熱がこもっていて、その熱さに、もしかし

▶「音まち千住の縁」ロゴマーク

たらそうなのかもしれない……とふと思ったりした。いや、もちろん、可能性はあるだろう。歴史はたった一人の熱い思いから動き出すものだから。

その年（2011年度）には最初の「千住だじゃれ音楽祭」が開催されたのだが、あろうことか会場は湯気のただよう銭湯。一番、「演奏会」とは縁遠そうな場所だ。その名も「風呂フェッショナルなコンサート」。千住の名物銭湯「タカラ湯」を舞台に、しかも、脱衣場でとか、洗い場でとか、そんな「常識的」な演奏会ではなく、公募で集まった演奏者は、湯舟のお湯の中で音楽を奏でたのである。このとき、その後の音まちでもたびたび活躍することになる「風呂楽器」も生まれたし、その後も歌い継がれる、ケロリンの桶を使った輪唱、「ケロリン唱」も生まれた。アートとは常識への挑戦だとつくづく思う。

「風呂フェッショナルなコンサート」は、有料イベントだったにもかかわらず、NHKの子ども向け番組『あいのて』などでも活躍してきたアーティスト野村誠の名前と企画の面白さに惹かれ、約200人の人がタカラ湯に足を運んでくれ、客席となった洗い場と脱衣場は満席だった。意表を突くコンサートに大笑いしながら、初めての「だじゃれ音楽」を楽しんだ。遠方から来た人も多く、前代未聞の演奏会を楽しむとともに、初めて、タカラ湯の素晴らしい空間を体感してくださった方も多かった。ただし、このような常識を打ち砕くような企画には批判もつきもので、このときも、私の昔からの友人で銭湯ファンの男性からは、「意味がわからない」とかなり強い調子で、疑問を投げかけるメールをもらった。その後も音まちの企画では、絶賛されることも多い一方で、どの企画でも、批判や「わからない」などの声を一部いただくことがある。批判は真摯に受け止めていきたいと思うが、可もなく不可もない、誰も特に褒めもせ

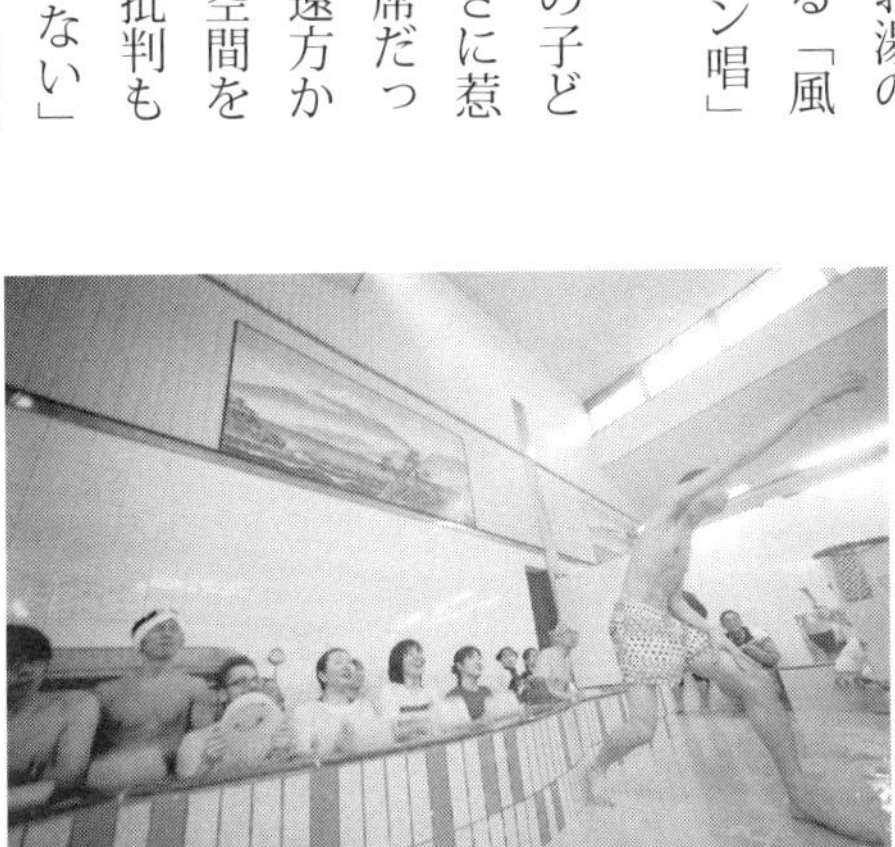

▶野村誠ふろデュース「風呂フェッショナルなコンサート」（2012年3月、タカラ湯）

ずけなしもしない企画とは違って、キラリ光るとんがった企画がまちに及ぼす影響は大きいと私は思う。

この後もだじゃれ音楽は進化を続けていく。初期で印象的だったのは、野村さんが、応募してくださった参加者と一緒にまちを歩いて、皆が口にした言葉をつないで歌詞をつくり、参加者がランダムに選んだ音階をつないでその日のうちに一曲をつくりあげたとき。まち歩きの後、神社の社務所の畳敷きの広間にみんなで腰を下ろし、休憩したはいいが、一人ひとりに適当に音を選ばせている姿を見ていて、いったいどういう展開になるのかと主催者側にいた私はハラハラして見ていたが、まさかと思うようなリードで、聞きごたえのある一曲が出来上がって、素人ながらに、本当にこの人天才だわと思ったのを覚えている。

「音まち」は、千住にキャンパスのある東京藝術大学音楽環境創造科の熊倉純子教授が全体をディレクションしてくださっていて、作品の質は常に、緊張感をもってキープされているのがありがたい。

1010人のコンサート

一般の演奏者を募集して皆で演奏する企画は、2011年、足立智美コンサート「ぬぉ」が最初だ。このときは、足立市場というだだっ広い敷地を会場としたが、あの手この手で演奏者を集めるのがとにかく大変で、皆で汗をかいた。私も「楽器ができなくても大丈夫だから」と、よくわからないままにとにかく友達に声をかけたりして、ようやく80人が集まった。夕暮れに空が染まる足立市場のいろんな場所から、思いもよらぬ「音」とパフォーマンスが飛び出してくる、奇想天外な「ぬぉ」の演奏は、コンサートホールの演奏会とは180度異なる新鮮さで、私にとってはとても楽しい体験だった。

その後、足立さんはまた足立市場で300人の演奏者を集めて、ジョン・ケージがはじめた「ミュージサーカス」という、こちらもかなりユニークな演奏会を開催することになるのだが、一つひとつ説明していると紙面がいくらあっても足りないので、詳細はぜひ「音まち」のホームページを見てほしい。要はお伝えしたいのは、一般の演奏者を80人集めるのでさえかなり大変だったし、300人は受け付けするだけでも目が回り、準備万端だったはずなのに、当日かなり混乱してしまったのは事実である。

それなのに。1010人。

300人の演奏家は、その筋では有名なアートの大御所ジョン・ケージの名もあり、また、普段行っている演奏を持ち込むことができるスタイルだったことでようやく集まったわけで、「だじゃれ音楽祭」の名のもとに1010人って……。100年後、ジャズやクラシックと並ぶ「だじゃれ音楽」となった暁ならばまだしも、100年早いかも……。

と思っている間もなく、2014年にいよいよ「千住の1010人」を開催することが決定されたときには頭を抱えたものだ。「音まち」はそんなことの連続のプロジェクトだ。でも、1010人を達成するために、いくつものプロジェクトチームが立ち上がってそれぞれに頭をひねった。

商店街の方に声をかけたチームもあれば、学校へ足を運んで吹奏楽部と交渉したチームもあ

▶野村誠「千住だじゃれ音楽祭『千住の1010人』」(2014年10月12日、足立市場)

り、また、足立区役所でも、環境部と地域の小学校の協力を得て不要になったおもちゃの線路を集めて巨大な電車ゾーンをつくって親子連れを集めたりした。おつきあいのある東京メトロの職員の皆さんにも大人数で参加してもらったり、私も音楽とは縁もなく生きて来た自分の夫や娘まで動員して、ちなみに夫は瓦をたたき、小学生だった娘は縄跳びで参加、娘は仲の良い吹奏楽部のお友達にも声をかけて……そんなふうに地味に地道に一人ひとりが声をかけて、最終的にはイベント当日、なんと1010人をカウントし、大成功裏に終えることができたのである！

ついでに、「ミュージサーカス」がものすごくおもしろかったので、当時「千住フライングオーケストラ」の名で空から音を降らせる企画でプロジェクトを組んでいた大友良英さんも、自分も足立市場でやりたいと、2014年、「縁日」の名で「へんてこ屋台」に出店者を募り、演奏者や、屋台の出店者150人ほか、合計約300人が参加した演奏会を行った。『あまちゃん』放映直後だったこともあり、市場専用の運搬車ターレーに乗って演奏する大友良英スペシャルビッグバンドの「あまちゃん」、トラックの荷台から出現した「秘密のマグロ解体ショー」など、来場者もたっぷり楽しんだ1日となった。来場者数も約6000人と、かなり盛り上がった。

大巻電機K．Kと、千住もうひとつの大学

身びいきで恐縮だが、「音まち」の企画は、どれもおもしろい。アーティストの力はもちろ

▶大友良英「千住フライングオーケストラ縁日」（2014年3月21日、足立市場）

んだが、思いの強い人たちが思いを込めて手づくりで作り上げてきているということと、まちとのつながりを、一つひとつ丁寧につむぎながら企画を進めていることが魅力だ。

中でも大巻伸嗣さん（東京藝術大学彫刻科教授）は、主催のひとつである足立区として、私たちがこの「音まち」をスタートさせるきっかけともなったアーティストである。

２０１０年当時、千住にアトリエを構えていた大巻さんを訪ねた。まちの課題を解決するために「アートを入れれば何とかなる」というような投げやりな考え方で依頼されるのではやりたくない、本気でやる気があれば自分も本気でやると言い、挑戦状を渡されたような気がしたのを覚えている。

大巻さんは美術家なので、「音」をテーマにしたアートプロジェクト「音まち」のなかでは少々異色であるが、かたちあるものを見せてくれ、ファンも多い。千住では大きく、2つの流れで展開している。

ひとつは、長年空き家となっていた古民家を使ったインスタレーション（空間展示）。そしてもうひとつが、大量のシャボン玉でまちなかの風景を変える「メモリアルリバース千住」（通称メモリバ）。

古民家のインスタレーションは千住で2度あったが、どちらもとても素晴らしく、いつまでもその場にたたずんでいたくなる空間だった。私にとっては、長年、まちに閉ざされて来た古い空き家をアートのちからで開くことができたことも感慨深い。

２０１１年度から、年に一度開催してきている「メモリアルリバース千住」のほうは、約50台のバケツ型のマシンからふわりふわりと飛び出す見たこともないような大量のシャボン玉に歓喜する子どもたちと、しみじみと眺める大人たちの姿が印象的で、まさに、メモリアル（記憶）リバース（再生）……と感じさせる場面にもたびたび出会う。まちの方々の言葉を集めてつくられた歌詞にのせて踊る「しゃボンおどり」や、毎回まちなかの開催場所によって異なる演出も楽しく、イベント当日のインパクトも絶大だが、「メモリアルリバース千住」の魅力はそれにとどまらない。

大巻さんが、「アートというのは黙りこくって眺めるものではなくて、本来、会話を生むもの」と話していたがまさにそうで、年に一度の開催を継続していくうちに、主催者側だけでなくまちの方々の関わり度が深くなり、次の開催地へ「つなぐ」流れができてきたこと。また、シャボン玉マシンをまちのメンバーで運営しようという動きから「大巻電機K．K」（シャレで株式会社の略）というちょっと不思議なネーミングのチームができ、小中学校のPTAやおやじの会、また千住にキャンパスが移って来た東京電機大学の先生や学生たちなどがメンバーとなって、もたもたしている主催者側の若いスタッフをよそにテキパキと段取りから準備、当日の運営までをこなす流れができてきたこと、である。

大巻電機K．Kのメンバーで、タクシーの運転手、男手ひとつで小学生の息子さんを子育て中の安喰《あぐい》悦久さんは、忙しくてお子さんをあちこち連れて行ってやることができないので「地元にこういうイベントがあるのはいい」と話す。そして、ひとり親だからこそ、PTAや学校の活動に関わるようになり、メモリバにも関わるようになったという。

そうやっていつの間にかスタッフとなったというが、今ではメモリバに欠かせない一人。「町会の祭りは、引っ越してきた若い人たちはどう参加したらいいかわからないが、メモリバなら

▶大巻伸嗣「メモリアルリバース千住」

気軽に参加できるでしょ」と話す。「大巻さんは芸術をつくるけど、俺らは人の輪をつくってるんです」と、「音まち」のインタビューに答えていたのが印象的だった。

一見こわもての、歯に衣着せぬ物言い、失礼ながら「アート」とはちょっと無縁に見える外見の内側は熱くて、こういう人がいるまちっていいなあと思う。そして、こんなおじさんたちがまちを舞台にしたアートプロジェクトを支えているのが素敵だなあと思う。

もうひとつ、ユニークなのが、千住ヤッチャイ大学だ。地域のアートプロジェクトには大抵、サポーター（ボランティア）組織がつくられ、運営に協力しているが、音まちにも「ヤッチャイ隊」というボランティアグループがある。江戸以前から千住にある青物市場で聞かれたセリの声が「やっちゃい、やっちゃい」と聞こえたことから「やっちゃば」と呼ばれるようになったという言い伝えにヒントを得て名づけられたものだ。このヤッチャイ隊有志でつくる「千住ヤッチャイ大学」は「千住で大学、ヤッチャイますか？」を合言葉に、誰もが持っている知識や経験をシェアしようという試みである。

集まっているメンバーがまたユニークで、いろんなことをおもしろがってしまうタイプの人

▶千住ヤッチャイ大学プレゼンツ「ぬぇ」ｂｙ足立智美。古い空き家「たこテラス」と本格的な楽器のコントラストが面白かった

が多い。10年来空き家となっていた、通称「たこ公園」前の建物を活用して、土日のみオープンするコミュニティスペース「たこテラス」を運営していたのも素敵な活動だった（２０１７年夏終了）。メンバーで、何でもつくってしまう小日山拓也さんが空き家の改修も手掛けたが、手作り楽器のワークショップを行ったり、メンバーのつてでミニライブや勉強会を随時開催していて、地域の子どもたちやママの立ち寄り&ひと休みスペースとなっていた。

楽しみながら、自然発生的にユニークな自主グループが生まれ、ゆるやかにつながってゆっくりと活動していて、それが地域の子どもたちにも、身近な場所でアートに触れたり、おもしろい大人に触れたりする機会をつくってくれているのがうれしい。

最近は、天才中学生、と言ってよいかと思うが、今、電子音楽界でもっとも若手のクリエイターとして注目されている中学一年生、鈴木椋大《りょうた》くんとその母・智子さんが、千葉の山間部に住んでいながら、千住の「音まち」に足しげく通ってきてくれているのがおもしろい。親子アートユニット「りーるとぅりーる」として、音や映像作品の制作、ＳＮＳの発信も続けている2人、２０１６年には、CREATIVE HACK AWARDで「みえない音」*がＳＯＮＹ特別賞を受賞するなど、めざましい活躍ぶりだ。「音まち」では、現在は「千住タウンレーベル」で、まちの音から新しい音を創り出し、レコードにする活動にのめりこんでいる。まだまだ少年、学校の勉強はちょっと苦手と笑う中一だが、ｉＰａｄに向かって一心に作曲する姿は、まさにアーティスト。こういう子が育つ土壌のひとつになれることも本当に幸せなことだと思う。

そして２０１６年の夏から「音まち」は、しばらく空き家となっていた旧家をお借りして「仲町《なかちょう》の家」と名付け、拠点として活動を始めた。千住のまちをつくった祖先のひとり、

▶親子アートユニット「りーるとぅりーる」。左が鈴木椋大くん

＊「みえない音」＝２０１８年3月、「文化庁メディア芸術祭　エンターテインメント部門」の審査委員会推薦作品にも選ばれた！

石出《いしで》掃部《かもん》介《のすけ》吉胤《よしたね》のご子孫が大切に守ってこられた美しい日本家屋と広い庭のあるともて素敵な家だ。ここで打ち合わせをしたり展示をしたり、自主制作映画の舞台として使わせてもらったり。ときにはみんなでご飯を食べたり庭の草むしりをしたり。千住の歴史を内包するこの「仲町の家」がお借りできるくらい、活動が地域の皆さんにも認めてもらえるようになったのかなと感慨深く思うとともに、責任も感じるし、何より、これからの展開にわくわくする。江戸の歴史を伝える家が少しずつ、人の縁をつなぐ、まちのハブのような場所になりつつある。

ちなみになのだが、千住の「音まち」に関わってくれたアーティストが、その後、ブレイクする傾向にあることをお伝えしておきたい。

大友良英さんは『あまちゃん』でブレイク、大巻伸嗣さんもルイ・ヴィトンの秋冬のパリ・メンズコレクション２０１６‐１７のアートワークを手掛けるなど、今や世界を股にかけるアーティストとなった。きっと鈴木椋大くんや、仲町の家をベースに活動する友政麻理子さんも……。

低予算ながら、思いのつまったプロジェクトならではの奇跡かなと、勝手に思っている。

▶仲町の家

（コラム）江戸時代からアートなまち？

　実は足立は、江戸時代にも文化の豊かなまちだった。

　象徴的な出来事のひとつが、1815年（文化12年）に行われた「千住酒合戦」だ。どこが文化だ、やっぱり千住、酒じゃないか？　と早まるなかれ。いや実際、その名の通り酒の飲み比べ大会だったことに違いはない。千住の飛脚問屋中屋六右衛門の還暦祝いとして開かれ、100名に及ぶ酒客が健闘したという。残された番付表や記録を見ると、一番飲んだのは千住宿の松勘で9升2合、女性でも千住宿菊屋のおすみは2升5合を飲んだらしい。まさかと思うような分量だが、当時の日本酒は今の日本酒と同じではなく、かなり水増しされた薄いものだったそうだ。そして、千住酒合戦では時間をかけて、つまみもつまみながら、ゆくりと飲んだよう。それはともかく。当日使われた盃は、江戸美術の大御所、酒井抱一《ほういつ》や谷文晁《たにぶんちょう》が下絵を描き、蒔絵細工の朱塗りという贅沢極まりない大盃*1だったそうで、つまり、当代一流の江戸の文化人たちが勢揃いして携わったイベントだったらしい。そして審査員として参加した酒井抱一、亀田鵬斎《ぼうさい》や谷文晁らが、絵や文で当日の様子を事細かに書き残しているので当時の様子が現代に伝わっているのだ。そんな、ばかばかしくて酔狂なイベントが面白くて仕方なくて思わず筆をとったのかと思いきや、足立区立郷土博物館の多田文夫学芸員によると「むしろ書画の材料をつくりたくて酒合戦を催したと思われる」とのこと。

　足立に伝わる価値ある江戸期の絵が、美しい花や山だけでなく、大盃を抱えて飲み干したり、酔いつぶれてげろを吐く男たちだなんてちょっと楽しいではないか。今も飲食の豊かなまち千

＊1（写真上）＝このとき使われた大盃は、番付表にも名をのこす鮒屋与兵衛のご子孫であり今も千住で川魚問屋を営む鮒与のご主人、内田丈司さんが大切に保管されている

▶擁書漫筆（ようしょまんぴつ）千住酒戦の図

住の原風景がここにあるのかもしれない。江戸の中心部はやや窮屈だったそうで、千住酒合戦は、江戸に近いが江戸ではない、宿場町千住の絶妙の立地と、当時まちがとても繁栄していて文化人たちの来訪も多く、自由な空気で満たされていたからこそ行われたイベントだった。[*2]

近年、代々続く千住の商家や江北の農家を中心に、ぞくぞくと江戸時代の書画が発見されている。[*3] 芸術家たちにとっては、金に困ったときにも大きなふところで受け止めてくれる旦那衆のいるまちだったのではないだろうか。千住には市場があり、江戸四宿のなかでも一番人口が多く、家の数も多い、商いのまちだった。商家が元気で、その富は、掛け軸や屏風の絵、茶の道具などを通じて、芸術家を育てた。つまり、現代の金持ちが車や家を買うように、江戸期の商家は、絵師に絵を注文し、経師にその表装を依頼し、家を飾る調度品を買った。なんと贅沢な趣味だったことか。継続してお気に入りの絵師を支援した商家もあったという。

商家が栄え、まちが繁栄し、文化・芸術が花開いていた江戸後期から昭和初期、千住は「大千住《おおせんじゅ》」と呼ばれていた。足立の豪農や豪商の豊かな教養が、江戸の文化に寄与し、また、東京の中心部からほんの少し離れていたおかげで、震災・戦災を免れ、現代にその足跡を伝えていることを誇りに思う。

▶文―写真／船津家に伝承された粉本より

＊2＝200年目にあたる2015年には「千住酒合戦200」の旗のもと、20以上の関連イベント等が行われた

＊3＝多くの江戸美術を現在に伝える船津家の祖先、船津文渕（1806〜1856）は当時、農村エリア上沼田村の名主。谷文晁の弟子でもあった

区立公園面積23区Ｎｏ１！　子育てするなら足立区

都内なのに公園が広い！　穴場だらけ

足立区は、区立公園面積が23区Ｎｏ１、というのは大きな自慢ポイントだ。公園とひとことで言っても、都立公園や国立公園もあるし分類の仕方もいろいろなので、Ｎｏ１だったりＮｏ２だったりするようだが、ともかく区立公園面積は23区Ｎｏ１であることは間違いない（2017年4月1日現在）。

また、足立区は四方を川に囲まれている。その河川敷にも緑地が多く、「水と緑の区」として、足立区のシンボルマークも青色と緑色の2色で構成されている。千住で子育てをしてきた私も、広々とした荒川土手が庭のように使えるのはありがたいことだったが、足立区の最南端の千住からさらに北へ歩を進めるとなおさらだ。足立区はタコさんすべり台発祥の地とも言われ、区内にタコさんは11匹もいるが、ほかにも鬼さん、恐竜さん、長いすべり台など多彩な遊具や、乗れるミニ列車のある児童遊園などにプラスして、農業地帯だったエリアの用水路などが緑道となった気持ちの良い遊歩道が区内に約20ケ所もある。

区立公園はこのほかにも、特徴のあるところが多い。たとえば元渕江《もとふちえ》公園は「生物園」という特徴のある施設を併設しており、こちら、見ごたえたっぷりだ。生物園は、格安入場料ながら、金魚の大水槽や、南国の蝶が飛び交う大温室、自然の雑木林を再現した昆虫ドームなど、独特の体験型生き物ゾーンで構成されており、かなり楽しめる。*

▶水辺の遊歩道（見沼代親水公園）

▶タコさんすべり台

もうひとつ、都市農業公園（入場無料）は、春は桜やチューリップ、秋にはコスモスなど四季折々の花を楽しむことができるほか、私は子どもが小さいころにはよく、お弁当を持って、子どもたちとどんぐり拾いに行った。遊具もあるので、遊んだあとは芝生の広場にレジャーシートを広げてお弁当を食べる。たくさん遊んだ後のお弁当は、ただのおにぎりでも格別おいしい。売りにしている移築された古民家や有機栽培の畑や田んぼなども、丁寧にかつての東京の農風景が再現されていてとてもいい。いずれも、都心の施設と比べてさほど混雑もしないので、子ども連れで行く場所を探している方には自信を持ってオススメしたい。

さらに、特徴のある広い都立公園があることもありがたい。

舎人いきいき公園の鬼すべり台

都立の舎人公園は、面積約63ヘクタールもあり、お隣、葛飾区の水元公園、江戸川区の葛西臨海公園に次ぐ、23区3番目の広さだ。野球場や陸上競技場などコートもいろいろあるので、足立区の子どもたちはさまざまなスポーツシーンでお世話になることが多いほか、バーベキューや、のんびり散歩するにもとても気持ちがいい。

もうひとつの都立公園、東綾瀬公園は、綾瀬駅付近からスタートして、点在する広場を細く長く遊歩道がつなぎ、U字型の散歩道となっている公園。公園の全長は約2キロとかなり長く、エリアごとにアスレチック的な遊具があったり、カモや亀が泳ぐ池があったり、野球場やプールがあったりと多

＊生物園入園料＝大人300円、小・中学生150円、未就学児無料（2018年3月現在）

▶生物園の大水槽

▶都市農業公園

彩だ。むかし田んぼだったエリアに、区画整理事業で生み出された公園だそうだ。2つの都立公園は区内の桜の名所でもあるが、都心部の混雑した桜スポットと比べると、かなりゆっくりと花見を楽しむことができ、はっきり言って「穴場」だ。

東綾瀬公園がある綾瀬エリアは、とにかく公園が豊富だ。今はマンションも増えているので、都心から移り住む人も多い。綾瀬に引っ越してきた子育て中のママに話を聞く機会があったが、綾瀬では「公園に行こう」というのでなく、「今日はどの公園に行く？」という会話となるのだと言っていた。

最後に公園ではないが、子育てつながりで「ギャラクシティ」を紹介したい。青山にあったこどもの城が閉館となった今では、東京の子どもたちの室内遊びの場所といえば、意外に知られていないが、足立区のギャラクシティはいい。国内最大級のネット遊具（スペースあすれちっく）や、2種類のクライミングウォール、壁に映した映像に自分の影が触れることでゲームできるデジタルきゃんぱすなど、楽しい遊びがたくさん体験できるのにほとんどが無料という画期的な施設だ。

ギャラクシティ

最後にと言いながらもうひとつ思い出した。うちの元気女子（現在中2）が小学校時代に遊び場としていたのが神社。学校が終わるとランドセルを放り投げ、まるで昭和時代の子どものように「今日はよんじん」「今日はさんじん」……なんのことかと思えば、千住4丁目氷川神社、千住3丁目にある本氷川神社のこと。時間

▶舎人公園

▶東綾瀬公園

ギャラクシティ

があれば神社に集合して、ドロケイや鬼ごっこで走り回っていた。千住では狭い路地を抜けるとそこここに寺や神社がある。千住だけではない。足立区の神社の数は、あるまとめサイトによると23区では大田区98社に次ぐ93社。3位以下を大きく引き離して多い。守られた広い境内は子どもたちが安心して遊べるまちなかの空間として、公園にまさるとも劣らずとても貴重だ。

山の手ママと足立区ママの違い

水と緑が身近ということにとどまらず、私自身は実感として子育てしやすいまちという気がしているが、もっと詳しい人に足立区の子育てについて聞いてみたいと思い、足立区をベースに活動するＮＰＯ法人子育てパレット代表の三浦りささんに連絡してみた。

三浦さんは、ご自身も2人のお子さんのお母さん。今20歳のお嬢さんの子育ては海外でスタート、数少ない日本人ママたちが助け合って子育てしたそうだが、帰国して2人目の息子さん（現在小6）のときには日本の子育ては孤独だなあと感じたという。そんなとき、区が催していたベビーマッサージの教室に参加したことが、今の活動のきっかけだという。

▶千住4丁目氷川神社

「当時おっぱいをあげながら、かわいいなあと思っている一方で、顔を見ながら、この子このまま寝るかな、寝たら洗濯して何して何して……って思ってる自分がいるんですよ。それが、ベビーマッサージのときだけはしっかりと向き合うから子どもも穏やかになっていって、私もその時間を持つことでかわいいって気持ちが深まっていった」。

当時はまだ、ベビーマッサージって何？　という時代だった。そこで三浦さん、「私、これを広める人になるわ」と思いたち、そこから乳幼児関係の資格をとりまくり、ママたちのヘッドスパやエステまで勉強して自宅で隠れ家サロンを始めた。すると「うちで泣きだすママがすごく多くて。どうしてみんな、こんな風に苦しいんだろうって……」。

思い立ったら動かずにいられない三浦さんはすぐに、ママたちの現状と解決策案を区役所に伝えに行ったそうだが、当時、一個人の意見は見向きもされず、その悔しさから数年後のNPO設立へと歩を進める。現在、NPO法人子育てパレットは、4人の当初からのメンバーを中心に自分たちの拠点として「マタニティ＆ベビーハウスOhana」を運営、ベビーマッサージなどのイベントのほか、悩み相談やシングルマザーの支援活動なども行うほか、区の委託で、11ヶ所ある子育てサロンのひとつ上沼田サロンの運営や、子育ての悩みやグチを聞く「きかせて子育て訪問事業」など、区役所とも二人三脚で、足立区の子育て環境をより良くしていくことに尽力している。*

自称「資格マン」の彼女は、たくさんの資格を持っていて、そのスキルを活かして各種講座の講師として、足立区に限らずいろいろな場所でも活躍しており、その経験から興味深い話を聞かせてくれた。定番人気で各地で継続して実施されている子育て講座に、カナダ生まれの「完

＊足立区の子育てサロンは12カ所の単独施設以外に、児童館等の子育てサロンが52カ所あり（時間が限定される館もある）、区内どのエリアに住んでいても、利用しやすい環境となっている（2018年4月現在）

璧な親なんていない」（1～2歳児の親向け／6～8週間コース）、アメリカ生まれの「どならない子育て講座」（3～12歳児の親向け／7週間コース）、三浦さんオリジナルの講座「さよならイライラ育児」（2時間）などがあるという。各地でこれらの講座を実施するとき、「足立区のママたちはフレンドリーで早く心を開いてくれるんですが、山の手地域のママたちは心を開くのに時間がかかる。でも本音で話してもらわないと悩みを解決することはできないので、がんばってこじ開けるのに苦労します」という。なぜ？　と聞いてみると、山の手のママたちは、世間体や自分がどう見られているかを気にする人が多いように思うとのことだった。今はSNSなどで他人や芸能人の暮らしまでのぞけることもあって比較しがちで、他人の目が気になる「アザコン（アザーコンプレックス）」の時代と言われるが、山の手のママたちにはそれが顕著だという。

「『どならない子育て講座』は、足立区ではものすごく人気の講座なんですが、世田谷のNPOの人と話していると、こういう講座に申し込むと、どなって子育てしていると思われてしまうからと申し込むのを躊躇する人が多いのでこのワードは使えないと話していました。時間をかけて話を聞いていくと、足立区のママも山の手のママも、悩んでいることもイライラしている気持ちもまったく同じ。心を開いてくれさえすれば、手を差し伸べることができるのに」と言う。

　他区でも幅広く活動する彼女に、足立区の子育て環境についても聞いてみた。「物価が安いことや公園が近所にたくさんあること、子育てサロンの充実、学校の放課後子ども教室がすべての小学校で実施されていることなど、子育てはとてもしやすいと思います」。

▶「さよならイライラ育児」講座の様子

待機児の多さは今のところ、他区同様ではあるが、足立区は小規模保育（０～３歳未満児対象の、定員6人以上19人以下の少人数で行う保育）の先進区だという。小規模保育施設は２０１５年度より施行された「子ども・子育て支援制度」の中で国の認可事業として位置づけられることになったが、足立区ではずっと以前から取り組まれて来ており、数も多い。同様に、保育ママ*（認可）の数が、全国の市区町村でＮｏ１というのも特筆すべきだろう。特に子どもが小さいうち、少人数で子どもと丁寧に向き合ってくれる環境を求めて利用する人も多く、現在１８１人（認可１５７施設、区認定15施設。２０１６年4月現在）の保育ママが足立区で活動している。子ども好きの人が多いのだろうか、それとも、昔から働く女性が多かった足立区ならではの環境なのか。

三浦さんは言う。「ママたちに伝えたいメッセーシはふたつ。『大丈夫！　ひとりじゃないよ。辛い時には声を出してね』ということ。そして『どこかでストレスコントロールをしてほしい』ってこと。子育てってもっとゆるくっていいんだって気づいてもらいたい」。

言葉で聞けば、そうなのかな、という話なのだが、悩んでいる人には、自分ごととしてそこに気づくことがむずかしい。こんな、いざとなったときに、助けを求められる場所があるということがまず、足立区で子育てする「安心」、あるいは受け皿となっているのではないかという気がした。

＊保育ママ＝保育士資格のある人または認定研修を受けた保育者が自宅等で子どもを預かってくれる仕組み

▶NPO法人子育てパレットでは、２０１８年4月、梅島駅前に「マタニティ＆ベビーハウスOhana」を移転・オープン

入江洋介が西新井にやってきた！

西新井大師そば。都内最大のホステル

俳優でもタレントでもないのに、タイトルに「入江洋介が西新井にやってきた！」と思わず書いてしまったのだけれど、お忙しい中をぬって約1時間のインタビューをさせていただいたあとの私の率直な実感である。つまり、この人が、たまたまとはいえ足立区にやってきたことは、足立区にとって実にラッキーなことだったと強く思ったのだ。ひとりの若き起業家。２０１５年12月にオープンした、エンブレムホステル西新井の社長である。

エンブレムホステル西新井は、取材時点で都内最大収容人数を誇るホステルである（２０１７年6月現在）。ホステルというのはホテルとは違って簡易宿泊所のグループに入るらしい。簡易宿泊所というのは、「宿泊する場所を多数人で共用する構造及び設備がある」ということなので、相部屋、いわゆるドミトリー形式の部屋がある宿泊施設ということのようだ。私も旅はひとり旅、バックパック派で、安宿を中心に旅してきたので、エンブレムホステル西新井ができたと聞いたときから、そもそも親近感を感じていた。

38室、4人部屋を中心に１８２名が宿泊でき、2階のフロント前には80名が座れる広いカフェスペースもある。宿泊料金は１人１泊平均３０００円くらいで、そのときの需要と供給によ

▶エンブレムホステル西新井

って変わる、変動相場制である。

2015年6月までビジネスホテルとして営業してきた8階建ての建物をコンバージョンしてホステルに変えたわけだが、入江社長によると、現在の稼働率は約80%、宿泊客の6割が欧米系、3割がアジア系、残りが日本人。20代〜35歳のミレニアム世代が中心の客層で、全宿泊者の約45%がひとり旅、ひとり旅の過半数が女性なのだそうだ。

私自身の旅は、安宿といってもドミトリーの利用はさほど多くはないが、それでも共有スペースのある安宿ではいろんな国の旅人と知り合って一緒に飲みに行ったり散歩に行ったり、初めて訪れる国、初めて訪れるまちの、わからないことは気さくな宿のマネージャーに聞く、そんなひとり旅が楽しかった。わからないことを知りたくて聞くわけだけれど、本当は、「知りたい」のか、マネージャーと「しゃべりたい」のか、わからなくなるときもあるくらいだ。今の若い人たちはスマホで何でも調べられてしまって、マネージャーとしゃべる口実がなくなりそうで、旅はどんどんつまらなくなるんじゃないかと、余計な心配をする。

有名な観光地ももちろん見てみたいけれど、それよりもっと、現地の人と触れ合い、日本と全く異なる慣習に驚いたり、価値観の違いに感銘を受けたりしたい。それが自分にとっては旅の醍醐味なので、エンブレムホステル西新井の「つながり」というキーワードを聞いたとき、「へえ」という驚きよりは、「だよね」と思ったけれど、こんなに大型のホステルで、それがうまくいくのかという気もした。自分自身が海外で泊まって来た安宿はほとんど家族経営か、そうでなくても社長が目の届く客室数で経営する小さな宿がほとんどだったから。

「自分自身も40か国以上を旅する中で、一番思い出に残っているのは人とのつながりで、そこ

▶エンブレムホステル西新井フロント

に住んでいる人の生活に触れたり、人の家に上がり込んだりしたときの経験。ですから『つながりを軸に面白いホステルをつくっていく』というのは自分の中の理想としてあったのですが、実際に運営を始めてみると、理想や想像を『超える』つながりがあって、より、そのつながりの大切さを学ばせていただいている最中なんです」と入江社長は言う。

寿司を自分で握って食べるというワークショップは、エンブレムホステル西新井の人気イベントのひとつで、欧米から来た旅人が、金髪に青い目で寿司と格闘する姿がメディアでも取り上げられることが多いユニークなワークショップだが、スタートはちょっとしたことだった。宿泊したゲストが「お寿司を食べたい」と言うので、ネットで検索して近くに見つけた「魚がし寿司」という店にゲストと一緒に食べに行ってみたところ、お寿司がおいしいのはもちろんのこと、初めて話した大将の人柄が「めちゃめちゃ素敵で」通うようになった。そのうち、「ワークショップをやらせてもらえませんか」と相談したところ「いいよ！」と引き受けてくれて始まったのだそうだ。お寿司のほかにも、地元の書道の先生に来てもらっている書道のワークショップや、商店街のお茶屋さんに出かけ、昔ながらの商店街を楽しみつつ、お茶の淹れ方を学ぶお茶のワークショップなど、地元に密着したイベントが多い。

また、西新井大師は寺として規模が大きいだけでなく、花まつり、節分、毎月21日の縁日などたくさんの行事があり、さらに商栄会や町会もさまざまな行事を催す、イベント充実エリアだと入江社長は言う。「すぐ近くに強いコンテンツがあることは大きいなあと思います。春の花まつりではハッピを借り、欧米から来たゲストも一緒に神輿を担がせてもらっています」。神輿の担ぎ手不足に悩むまちが多い昨今、win-winで地域の祭りが盛り上がり、海外からの

▶寿司ワークショップ

▶西新井大師花まつりで神輿を担ぐゲストたち

旅行者がレアな日本体験ができ喜んでくれたとしたら、めでたい。

さらには、入江社長は足立区が実施している経済活性化会議の一員になったり、逆に、足立区役所の職員の部活で活動しているバンドが、エンブレムホステル西新井のイベントに演奏に来てくれたり、区役所とも密なつながりがある。運が良かったかなと入江社長は笑う。「足立区の中に外国人が宿泊できる施設はほとんどないですからね。もし僕が1軒目を台東区でオープンしていたら、こんな風に注目されなかったと思います」。

後述するが、そもそも西新井という土地は、起業家入江洋介の起業希望エリア・マップのなかに入っていたわけではない。しかしその、一見「不利」とも思われる立地を、むしろ逆手にとって「有利」に変え生かす手腕に、力のある起業家の柔軟性を見た。

入江社長は地域で活動しているまちづくりグループなどともつながっており、たとえば、足立区の地場産業である印刷業と地元出版社が一緒になって千住の寺社で開催する「千住紙ものフェス」は、子育て世代中心に人気のイベントだが、ここへも「ミートアップ」と称し海外からのゲストと一緒に出かけて交流の場づくりに一役かった。

「自分の本業はゲストを喜ばせること。だけどまちの一員としてまちに貢献もしたい。それならゲストをまちにつなげることで、ゲストにもまちの人にも喜んでもらえるようなことができたらいいなと」

エンブレムローカルサポーターというシステムもユニークだ。

「うちのカフェやイベントに来てくださった地元の方と話すと、まちの人も外国の人と触れ合いたいと思っていることがわかった。そこで、より深く触れ合う場をつくるためにこの制度をつくりました。サポーターには、うちで開催するイベント、ツアーなどに同行していただきます。ボランティアですが、現在１００人を超える登録があります」

まちの人の「外国の人と触れ合いたい」気持ち。海外からのゲストの「日本をもっと知りたい、日本人ともっと触れ合いたい」気持ち。双方をつなげることで、机上で考えた「つながり」というキーワードが、広がり、深まり、そして制度化されて、リアルで実態を持った存在となってきている。

「西新井はそれを教えてくれたまち。今後、２店舗目、３店舗目を出店したとしても、つねに初心に戻る場所だと思います」と入江社長。

ポテンシャルは東東京にある

ところで、なぜ、入江洋介は西新井にやってきたのか。

出身地は神奈川県の鎌倉。メーカーの海外営業部に働く父に伴われ、３歳から8歳までをアメリカで過ごす。８歳から12歳を鎌倉で過ごした後、中学時代はイギリス、高校時代はまたアメリカで、寮に暮らした。中学1年生のころから、両親は別々に暮らしており、兄は父の背を見て育ち、弟の自分は会社経営をしていた母の背を見て育ったという。

不動産会社にいた20代のときに、大手ホテルの開業準備に携わり、「自分が起業するのはホテル業界」と確証を得て、その後は起業のための留学、インターン等、アメリカ、シンガポー

▶２周年記念パーティ。左が入江社長

ルを渡り歩いた。

準備が整ったのは２０１４年。37歳のときである。

ビジネスプランを書き込んだ企画書を携え、投資家回りをした。その中で、ある不動産投資会社が、それは面白いね、やろう、と言ってくれた。不動産投資会社とは、不動産を買い、改装など投資をし、価値を生んで売却し、売却益を得る事業者である。

当初から、ビジネスプランの狙うエリアとしては、浅草、両国など、「東東京」としていた。東京でスタートしたいと思ったわけは、将来の海外展開を想定して、1号店を東京に置きたいと思ったからだ。そして東京の中を見ていると、今面白いのは東東京。蔵前、清澄白河、浅草橋、台東区のアートやものづくり。今まであまり目を向けてこられなかった東東京がここ5年くらいで、じわじわと注目のエリアに変わってきている。

物件の案がいくつか上がって来た中で、この西新井の、もとビジネスホテルだった物件が提案された。「東東京」と想定していたエリアの中に、北千住は入っていたが、荒川をはさんだ北側、西新井はエリア外だった。が、見に行ってみることにした。

西新井には、生まれて初めて足を運んだ。

まず、関東三大大師の西新井大師が徒歩圏内だ。立地も、思ったより悪くない。駅から近いし、都心からのアクセスも良い。下町の人情あふれる雰囲気も面白い。東京は、地方から来た人の寄せ集めだけれど、下町には、何代も続く店があり、リアルな東京、東京をより色濃く表す場所だと思った。

ここなら都心にないものができるかもしれない。都心のホステルで味わえないものが味わえ

▶西新井大師

るホステルになれるかもしれない。逆に、面白くなるかもしれない。いや、きっとなる。「まったく迷うことなく、即決しました」と入江社長。他の物件も多数見ていたが、この物件が、直感的に、一番、ピンと来たのだという。

新事業をともに立ち上げた不動産投資会社は、大きな金額の不動産を購入し、内装も家具もすべて投資してくれた。「彼らはかなりのリスクをとって、自分のようなまったく未経験の者に投資してくれた」。その分、家賃は高いのだけれど。リスクは価値に変わったようで、今は、不動産は売却され、現在の建物オーナーは別の会社である。

入江社長の「ピンときた」直感はその後もぶれることなく、エンブレムホステル西新井は、今日も日々進化を続けている。

2階のカフェで入江社長のお話を聞いた後しばらくその場でたたずんでいると、欧米からの男性旅行客2人組に、ホステルの女性スタッフが気さくな様子で英語で声をかけていた。そこに、サポーターと思われる40歳前後の日本人男性が近づき、恥ずかしそうに英語で会話を始めて……。今日もここでまた、新しい「つながり」が生まれているなあと、あたたかな気持ちになって、この場を後にした*。

▶週3回開かれている国際交流会

*取材後の2017年12月、入江社長は2軒目となる「エンブレムステイ金沢」をオープンさせた

足立は「農」がおもしろい

「両親と馬が合わず、20歳ぐらいで家を出て、長い間、足立区に戻ってなかったんです」。そう話すのは、山﨑有康《くにやす》さん。今、私が足立で注目したい人ベスト10に入る人物である。「いこうソーシャルファーム」という、平たく言えば貸し農園と、「ワカミヤハイツ」という農園付きアパートを経営する。

足立の風景が変わった

かつて江戸の穀倉地帯と呼ばれ、古くから江戸・東京の食を支えてきた足立区。河川に囲まれ、平たんで土地が肥えていたため、早くから農地としての開発が行われ、昭和に入ってからも、１９６０年（昭和35年）くらいまでは東京都内でも一・二を争う米の産地だった。当時は野菜より米が多くつくられていたが、徐々に効率の良い野菜などに変わっていった。今も、23区のなかでは練馬区、世田谷区に次ぐ第三位の農地面積があり、小松菜や枝豆、ムラメや穂ジソなどのつまもの栽培で、都内有数の産地だ。産業として市場の流通に乗る「農」ばかりでなく、消費者向けにも、地元農家の野菜の直売所も多いし農家カフェなどもあり、さらには学校給食用に直接おろしている農園もあり、農業区としての一面も色濃く残している。

序章でも述べたように、米や野菜のほかに、足立区では江戸時代から花卉《かき》栽培もさかんで、

▶「いこうソーシャルファーム」

特にチューリップは有名だ。

足立区の古くからの農業地帯、伊興に生まれた山﨑さんは、ユリや蘭、フリージアなどを扱う花卉農家を営む厳しい祖父に躾けられて育ったという。

山﨑さんのおじいさま、山﨑義雄さんは、伊興の地で、無一文からスタートして一代で財を成した人である。「生まれ持った商才があったのかもしれません」（山﨑さん）。戦争で外地から戻った後、植木職人だった腕を生かして、花を育て、売る仕事を始める。戦後の混乱期にもかかわらず、「いずれ嗜好品を買う時代が来る」と先を見越し、まわりが野菜をつくっていた時代に、花を手掛けた。当初は住む家くらいしかなかったそうだが、徐々に手広く商うようになり、昭和30年頃から、花で稼いだお金で土地を買い、また花を商い、土地を買い、ときには土地を転売し、少しずつ資産を築いていったという。土地の購入は昭和50年代後半まで続き、最盛期には20カ所くらいの土地を持っていた。

「お金はあったはずですが、高級な服や装飾品を買うのを見たこともないし、自転車は20年以上も同じものに乗っていた。古くてもピカピカで、大事に乗っていました。私が子どもの頃は、ちょっとでも水を出しっぱなしにしたり、電気をつけっぱなしにすると烈火のごとく怒られて。親より怖かったです。関東大震災や戦争を体験し、ものを大切にする気持ちがある人でした。お金があっても、穴の開いたズボンをハギレで補修してはいていたけど、地域の寺が本堂を改修するというと、ポンと３００万を出す。民生委員もずっとやっていて、パブリック精神が強かったというか……。今もし生きていたら、どういう思いなのか、聞いてみたかった」

そんなおじいさまが90歳を過ぎ、体力の衰えを感じ始め、おばあさまにも認知症の症状が見られるようになった10数年前。自身も体調を崩していた父から「老々介護で大変だ。帰ってきてくれないか」とオファーがあった。母はすでに他界していた。

池袋にある妻の実家に身を寄せ、娘3人を育てながらのマスオさん暮らしに精を出していた山﨑さんだったが、父の大変さもわかり、大学に進学するときに学費を貸してくれた祖父への恩返しもしたいと考え、戻ることにしたという。

そして、戻ってみて見た足立の風景の変貌ぶりに唖然としたのだという。

「伊興というと、自分が子どものころは、田んぼと畑ばかりだったんです。商店街もいっぱいあって、生産する場所もたくさんあった。革製品や、紙漉き、養鶏所や酪農農家もありました。今から思い返してみると、子どものころ、すごく楽しかったんです。多様性があっておもしろいところだった。それが、その楽しさが、消えてなくなっていた。住宅地しかなくなって、それもハウスメーカーの建てた均一な住宅ばかりで。葛飾へ行っても江戸川へ行っても、伊興でも、都市部はどこでもいっしょです。美味しいコロッケを売ってた肉屋さんもなくなっちゃった。色味がなくなって、雑味がなくなって、モノトーンに感じました。都市は、色味や雑味が面白いのに」

当時、山﨑さんは老人介護施設の職員として働いていたが、伊興に暮らすようになって、その思いはどんどん募っていった。

まちを歩いていても全然おもしろくない。店ができるというと大型ショッピングセンター、チェーン店ばかりで、個人の特徴ある店はどんどんなくなっていった。自分の行きたい店、買いたい店は足立にはない。「すっげーつまんないな、足立区って」。

▶山﨑有康さん

そんな折、祖父が101歳で天寿を全うした。2013年5月のことだ。

そこから何かが動き始める。

袋のネズミ

山﨑さんも祖父から3つの土地の相続を受けた。1つは売り、残りの2つの管理運営が始まることになった。祖父が建てたアパートが1つ、花を育てていた約500坪の土地が一つ。自分のものになってみて初めて現実と向き合うことに。

「土地のほうだけで年間200万近い固定資産税、都市計画税を支払わなければならないのです。サラリーマンの年収500万から200万を補てんしていたら、娘3人を育てて生活していけない」

稼ぐシステムがなくてはやっていけないが、自分が学んできたこと、仕事としてきたことでは、対処していけない。かといって、まわりを見回すと、アパートやマンションが建っていても空き室が多い。相続を受けた山﨑さんのところには、大手住宅メーカー、大手駐車場管理会社が、ほとんどすべてと言っていいほど営業に来たというが、祖父に言われて17歳でとった簿記の免許のせいか祖父譲りの直感なのか、数字感覚、経営感覚が多少ある山﨑さんにとって、「良い」と思える話は1つもなかった。

「建て替えましょう、駐車場にしましょうと言うが、大手でもほとんど詐欺みたいな話ばかりで。一見良く見えるが、実は投資のわりに儲からない話が多くて、少し突っ込んで聞くと答えられない。結局、土地・建物オーナーにメリットのある話じゃない。実際、住宅メーカーの話に乗ってアパートを建ててからのトラブルの話もよく聞きます」

同時に、違和感を感じたのだという。駐車場にする話だけは損はないようにも思えたが、「それって、考えるのを面倒がる土地オーナーの、ただの怠慢なんじゃないか」と感じた。

すでにこのころ、空き家、空き室、空き地が増えている、余っていることが問題視され始めていた。たくさん空いているのに、新しいものを建てるって、おかしいんじゃないか。新しいものを建てるってことは、そこに移り住む人がいるわけだから、また新たな、空き室をつくるという行為になるんじゃないか。

それは、自分の中にあるいくらかの「公共意識」が感じさせた違和感だった。「祖父は祖母と一緒に毎日、家のまわりを掃いていました。うちの周りだけじゃなく、近隣まで……。祖父から『公共心は大事だ』と言われたことは一度もありませんが、そういう祖父母の姿を見て育ったことが自分の原体験にあるのだと思います」。

同時に、田畑だったこの地を知る自分が、農地をなくし、何かを建てることへの違和感もあったという。

かといって支払わなければならない税金は待ってはくれない。

当時の山﨑さんは、どうしていいか全くわからず、追い詰められ感がすごくて、「閉塞感しかなかった」と言う。袋の中のネズミの気分だったそうだ。

相続を受けた翌年、決心し、本格的に不動産学、都市計画を学ぶため、受験勉強から始めて横浜市大の大学院に入学した。50代にして、22歳の若者たちと席を並べた。「崖っぷちに追い込まれたら、人間、何でもできるもんですね（笑）」と山﨑さん。大学院では、日本中の不動産の展開、莫大な数の成功事例を知ることができ、また多くの人と知り合うことができて世界が広がった。袋のネズミが、何とか袋の外にはい出した。

「ちょっと余裕ができました（笑）」

いこうファーム

農村地帯だった要素を残したい！

そんなとき、大学院で教わったゼミの先生が、紹介してくれた大阪の「NPO法人コトハナ」を訪れ、住宅地にある空き地を使って、「地域住民みんなで力を合わせて育てて行く農園」を創る活動をしていることを知る。

農園をハブとして、農作業やイベントを通して人が繋がる場をつくるという思いに共感し、コトハナの協力を得て、農地だった土地を「いこうソーシャルファーム」と名付け、有機栽培の貸し農園としてオープンさせたのが2015年4月である。

1区画（8㎡）月5400円で貸し出して

いる農園は、２０１７年10月現在、44区画、すべて埋まっている。農園を借りたさまざまな年齢層の人たちが、思い思いに土地を耕し、農薬を使わずに、野菜を育てている。また、農機具小屋だった小さな建物を、共有スペースとしてリノベーションし、草木染のイベントや文化祭なども行っているが、まだまだやりたいことがたくさんあると山﨑さんは言う。カフェもニーズがあると思うし、何より、「もっと面白いことがしたい」のだそうだ。*

一方、おじいさまから譲り受けた１９７６年（昭和51年）築のアパートのほうも、建て替えませんかという数々の営業の言葉を退け、リノベーションする方法をとった。

もともと8部屋あったアパートだったが、7部屋プラス共有リビングにリノベーション、アパートの周りのコンクリート部分をはがして畑にして、農園付きアパートとして生まれ変わらせた。知人を通して知り合った、六町の平田氏の「畑のついているエコアパート」からアイデアを借り、もと農村地帯だった要素を残したいという思いをアパートのほうでも実現した。名前もそのまま残した。祖父の設置した「ワカミヤハイツ」の大きな看板をそのまま使い、それがむしろ現代の若い世代には新しい感覚で受け入れられている。

改修の際、耐震補強もきちんと行っただけでなく、デザイン性を重視して、自分で集めた古材や古建具をふんだんに使った。サラリーマン時代に、埼玉県の見沼で農業を営む友人を手伝って覚えた有機栽培の技術を生かし、居住者の畑づくりの指導もしている。

「建て替えには時間もお金もかかる。思いだけでなく、経済合理性の面からも好ましくありません。できるだけ少ない投資で、少ない年月で回収し、利益率を上げたほうが、大家である自分にとっても、借りる人にとっても良い。4～5年で回収と思いましたが、こだわりすぎて10

＊いこうファームはその後、一部システムの見直しをし、スタイルを変えながら新しい参加者も募っている

▶もとの道具小屋は今「畑の図書室」。農関係の本が置かれていて、休憩、ミーティングもできる

年かかるプランになっちゃいましたけれど（笑）」と山﨑さん。実は２０１５年６月に完成してから半年は部屋が埋まらず、それでも毎月約50万円の返済が生じていたのでハラハラしたという。でも情報が浸透した今では、たまたま２０１７年１月に１部屋の空きが出て入居者を再募集したところ、１部屋に対して14組の応募があったという。

「今の30代前後の若い世代には、農に興味のある人が多いことをあらためて実感しました」と山﨑さん。

モノトーン化して面白くなくなった足立区北部エリアに、「農」の風景を取り戻し、雑味を持ち込み多様化すべく、山﨑さんの挑戦は始まったばかり。職住接近のコンパクトシティなんて言葉が言われて久しいが、まったくそうなってないと山﨑さんは話す。

「昔の足立区は素敵なコンパクトシティでしたよ」

おじいさまから受け継いだ土地を成功させた後は、おじいさまもしてきたように、「商売」としての次の一手を考えている、いやすでに打ちつつあるそうだ。おじいさま譲りの商売人魂に火がつきつつあるのか、このごろは、空き店舗、空き家、空き地に可能性を感じ、空き店舗の多い商店街などを見つけると「お宝」を見つけたと感じるようになっているそうだ。

足立区の農シーン、そしていったん人の去った空き店舗、空き家、空き地が、これからまだまだおもしろくなる予感がする。

▶ワカミヤハイツ

足立のものづくり

足立区を含む東京の東側は、河川が多く、古来水運に恵まれ、材料や製品の輸送の便の良さもあり、ものづくりが発展してきた。すべての生活用品が手作りされていた古い時代から、工場生産の時代になって、職人には厳しい時代となったが、大量生産、大量消費の長い時代を経て近年はむしろ、「手しごと」や「ものづくり」「伝統工芸」というキーワードは、大工場で作られる機械生産品とは逆のベクトルで、新たなきらめきを持ち始めていると思う。

ＪＲ東日本都市開発㈱が秋葉原と御徒町《おかちまち》を結ぶ線路の高架下（台東区）に、ものづくりをテーマとした工房併設ショップ群2k540《ニーケーゴーヨンマル》 AKI-OKA《アキ・オカ》 ARTIZAN《アルチザン》をつくったのは２０１０年12月のこと。ほど近い蔵前周辺エリアでは、廃校となった小学校を使って、ものづくりを目指す若者の起業を支援する施設として２００４年４月にスタートした台東デザイナーズビレッジを皮切りにまちが大きく変化を遂げ、年に一度開催するエリアイベント「モノマチ」は年々賑わいを増し、東京の注目エリアとなりつつある。「ものづくり」という東京東側固有のアイテムが、今、東京をおもしろくしている。各方面で新たなチャレンジが始まっているけれども、足立区では、素晴らしいものづくりの伝統が現代まで受け継がれているにもかかわらず、次世代へのバトンが渡しきれていない気がしてはらはらする。

私自身、個人的に手しごとの品物やものづくりの世界が好きで、フリーのライターとして主に雑誌の記事を書いていたころ、この分野の取材は特に希望してやらせてもらってきたが、２

007年から2008年にかけては『MEMO男の部屋』（ワールドフォトプレス）という雑誌で「手に職を持つという生き方」という連載をさせてもらった。毎号4ページのこの連載では、今の時代に「職人」という生き方を選んだ若者たちの姿、それに、彼らが生み出す手しごとの一品に読者も関心を寄せてくれた。

取材先はやはり東京東側が中心だったが、第一回と第二回は足立区内の職人さんを取材させてもらった。手ぬぐいや浴衣の本染（注染《ちゅうせん》）を行う「旭染工」（足立区花畑）と、革の小物やかばん、ランドセルをつくる「土屋鞄製造所」（足立区西新井／現在）である。いずれも若手職人が多い会社で、30代前半の職人さんに話を聞いた。お二人とも脱サラ組で、大きな企業の中の一コマになることを捨ててものづくりの世界に飛び込んだ、ある意味アウトローだ。

連載で出会ったのは皆、ものづくりにのめり込む集中力と夢を持つ若者たちで、「旭染工」でお話を聞いた二関孝宏さんとは10年を経た今でもつきあいがある。現在は独立して京都で「二の関 中染」という会社を立ち上げがんばっている。デザインから染め、ときには縫製、販売まで自分でこなす、注染業界にこれまでなかったスタイルだ。伝統と新しさをミックスしたその手ぬぐいは、現代の生活にもフィットして魅力的で、東急ハンズの催事にちょくちょく呼ばれる。

▶東急ハンズの催事で手ぬぐいを切り売りする二関さん

手ぬぐい、伝統工芸の世界

昔は、足立区内の水辺にいくつもの注染の染工所があったそうだ。染めにはたくさんの水を

「旭染工」で手ぬぐいを染める若手職人たち

使うため、川辺にあるのが一般的だったという。浴衣市場の縮小とともに染工所は減り、現在、染工所は足立区内では「旭染工」1軒となってしまったが、近年は手ぬぐいブームもあり、仕事場はいつも活気がある。

「注染」は日本独自の技法で、染める前に型を使って生地1枚1枚に糊を置く。1枚1枚、めくりながら、糊で「土手」を作り、そこへ「やかん」を使って染料を注いでいく。何度か見学させていただいたが、職人が1色1色、丁寧に染料を注ぐ姿はいつまで見ていても見飽きない。染色の多くは1つの型で1色を染めるが、注染では1つの型で複数の色を染める。また、裏からも染料を注ぐため裏返しても同じ染まり具合で色に深みがあるのも特徴だ。生地が同じでもプリントものとの違いは裏が表同様に染まっているかどうかでわかる。

二関さんが紆余曲折を経て起業したのが足立区でなく京都だったのはちょっと残念だけれど、旭染工では今日も、若手職人さんたちがきらきらした目で、木綿の反物に染料を注いでいる。東京でわずか5軒となってしまった注染の会社が、足立区の綾瀬川の川辺で世代をつなぎ、

▶「旭染工」で

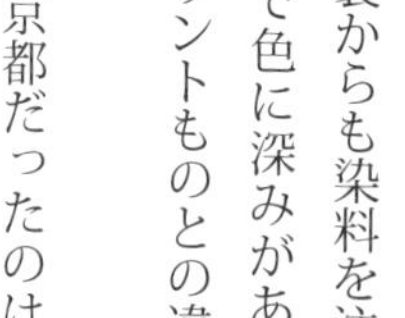

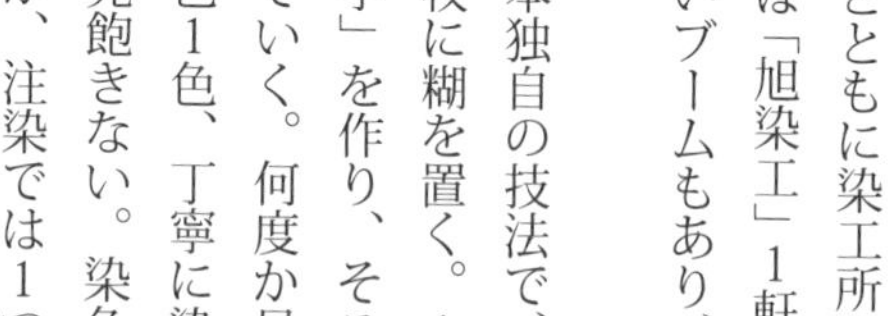

江戸木目込人形をつくる「松崎人形」の松崎光正社長

綿々と営業を続けているのはうれしい。

足立区に受け継がれる伝統工芸はこのほか、包丁や花ばさみなどをつくる「東京打刃物」、祭りの音色を奏でる篠竹の「江戸和笛」、京都とはひと味違う色合いが特徴の「江戸刺繍」、近年、現代風にちょっとユーモラスなデザインが人気となっている「江戸木目込人形」など約20の分野にまたがる。次世代に継承できている分野もあるが、そればかりでないのが心配だ。

革製品、おもちゃ、町工場

革製品の製造も東京東部の川辺で培われて来た産業である。革にも前述の注染同様、たくさんの水が必要で、なおかつたくさんの排水もしなければならなかったので、昔は川辺の産業だった。

足立区には古く、「ニッピ」や「リーガル」の大工場、革靴では学生向けトラッドシューズの老舗「ハルタ」（足立区千住）などの有名どころだけでなく、部品を作ったり型を作ったり、分業された一部分を担う家庭内手工業もたくさん営まれて来た。

ランドセル・かばん業界では、近年のラン活*の筆頭人気3社の中に、大抵、前述の土屋鞄製造所（足立区西新井）のほか、中村鞄製作所（足立区江北）があげられるし、皇室御用達のランドセルも作る大峡製鞄（足立区千住）など、有名どころは足立区に集中している。これらの会

▶ちょっとユーモラスな「ことわざさむらい　笑う門には福来る」は「松崎人形」のチャレンジ（和worksシリーズ）

＊ラン活＝ランドセルを購入するための活動のこと。近年、争奪戦が過熱しているため、生まれた言葉

社はランドセル以外の革製品もつくっていて、そちらも人気だ。

さらに伝統から一歩、歩を進めた新しいチャレンジもある。1965年（昭和40年）から、警察関係の革製品を作って来た実力派の会社、「和宏」（足立区千住）は、タンニンなめしでは日本有数の「栃木レザー」唯一の販売代理店となっているとともに、独自のステーショナリー・ブランドminca《みんか》（みんな革の意）で市場を攻め、さらに系列の「天神ワークス」（足立区千住）は、希少な総ヌメ革製の革ジャンや革小物が数ヶ月待ちともなる人気。北千住駅から5分程度の工房ショップがおしゃれすぎて、住民が言うのもなんだが、あれ、ここ足立区だっけ？　という気になるショップだ。このほかにも、国内唯一、爬虫類皮を直輸入、なめし、染色、仕上げまで一貫生産する「東洋皮革」（足立区梅田）や、抜き型の技術を生かしたレザーアニマルが人気の「篠原刃型」（足立区千住緑町）など、皮革業界はアツイ。

また、足立区はタカラトミーやバンダイが生まれた葛飾区や台東区など同様、古くからおもちゃづくりが盛んだった。戦前から高度経済成長期にかけて、ブリキ、セルロイド、塩ビ（塩化ビニール）などでつくられたおもちゃが、東京東部の小工場、それも住宅と工場が一体となったような小さな工場群中心につくられてきたという。

足立区立郷土博物館がまとめた『東京東部のおもちゃづくり——町まるごとファクトリー』によると、1つの生産地域に、金型を作る工場があったりプレス工場があったり、金属や紙などの部品工場があったり、彩色やメッキを行う工場があったり、化粧箱を作る工場があったり、その一部を内職で受ける個人がいたり、問屋があったりと、さまざまな分業、協力関係によっておもちゃはつくられていたのだという。まさに「町まるごとファクトリー」。1954年（昭和29年）の労働省（当時）の調査によると東京23区の玩具製造は、工場数、内職分布とも東部地域が約8割を占め、工場数では、足立区は墨田区、葛飾区に次ぐ3位だが、内職分布では、足立区が一番多く、全体の約3割を占めている。

玩具は世界へ輸出された日本の特産品でもあった。機械じかけのぬいぐるみで知られる「イワヤ㈱」（足立区梅島）に以前おじゃましたとき、戦前戦後の玩具コレクションを見せていただいた。ぜんまいで動くブリキの人形や車、ぬいぐるみなどの中に、昔おもちゃ屋の店頭でよく見かけたシンバルを鳴らすサルの人形があった。爆発的に売れた商品だそうで、１９５５年（昭和30年）公開のジェームス・ディーン主演の映画『理由なき反抗』でも使われたと聞き、足立区の町まるごとファクトリーの力を感じた。輸出玩具は「イワヤ」のような大手だけでなく小規模なメーカーでも生産されていて、短期間で新しい製品が生まれてくる多品種少量小規模生産物だった玩具をつくるのに、足立区、そして東京東部の地域性がフィットしていたと、前出『東京東部のおもちゃづくり』には述べられている。

足立区には現在、日本で唯一セルロイド人形をつくる職人、平井英一《えいいち》さん（セルロイド・ドリーム／足立区辰沼）がいる。セルロイド人形は昭和40年代になると、ソフトビニール製の人形などに人気が取って代わられるようになり、戦後セルロイド玩具で活況を呈した平井玩具製作所も次第に塩ビのお面をつくる仕事などへとシフトしていったが、２００２年、古い金型を床下に発見したことがきっかけとなりセルロイド人形「ミーコ」が復活、人気となっている。

足立区の工場数は２８００を超え、大田区に次ぐ都内2位を誇る（２０１１年全数調査／工業

▶セルロイド人形「ミーコ」

▶『あだち工場男子』（しまや出版）

統計）。２０１７年に写真集『あだち工場男子』（しまや出版）が話題となったが、足立区は今も、大量生産というよりは一人ひとりの技術に頼るものづくりのまちである。

江戸期の手わざを伝える絵馬屋

地口あんどんのある風景

足立区のものづくりはいろいろあり、すべてをご紹介することはできないが、もうひとつだけ、千住に伝わる、私の好きな手しごとにまつわる物語をご紹介したい。

毎年９月の千住の祭りのころ。夕方、千住のまちを歩くと、黄色い光をぽっと灯した美しいあんどんがずらりと並ぶ、何とも幻想的な風景に出合う。江戸時代から千住の絵馬屋（足立区千住４）で作り続けられて来た「地口《じぐち》あんどん」だ。「地口」とは江戸の言葉遊び。今でいうだじゃれのようなものだが、題材は日常のものだったりことわざや歌舞伎の一シーンだったり。わかりやすいものでは「杏より桃が安い」（案ずるより産むが易しの地口）、「うすから出た男」（嘘から出た誠の地口）など。千住１丁目から

▶千住の絵馬屋の地口あんどんの絵

5丁目の5町会の青年部が、千住らしいものをまちに伝えたいと8代目絵馬屋さんに依頼し、2003年よりまちかどに並ぶようになり、千住の古くて新しい名物となった。

168種ある地口あんどんの絵も、約30種の絵馬も江戸の頃のまま。時を経て、その絵柄や色使いがむしろ新しく感じられる。

次にご紹介するのは、以前、8代目吉田晁子《ちょうこ》さんにお聞きした話を中心に、ある雑誌用にまとめた、千住のまちの小さな手しごとの物語である。変化している点もあるとは思うが、今も晁子さんは絵馬を描き続けられており、江戸時代から変わらぬ店のたたずまいも、そのままである。

200年の昔から受け継ぎ伝える

1972年（昭和47年）2月5日、突然、先代の吉田政造氏が亡くなったとき、多くの新聞が「最後の絵馬師死す」と報じた。江戸時代から絵馬を描き続けて7代目、娘ばかり4人を授かった政造氏は、自ら出した句集『千住』のなかでも、たびたび、後を託す男児が欲しいとふと思う心を詠んでいた。

「お父さんも空の上で、まさか今ごろこんなことやってるなんて思っていないでしょ」

私自身も考えていなかったし……と、絵馬に緑色の絵の具を下ろしながら、晁子さんがそっけない口ぶりで語った。東京で手描きの絵馬を描き続ける絵馬屋は、他にはほとんどない。全国的に見ても希少だ。江戸の頃には日光街道の最初の宿場町として賑わった千住の旧街道沿いに、今も当時のたたずまいで店を構える絵馬屋。

▶吉田晁子さん

絵馬は、江戸中期からさかんに奉納されるようになったという。絵馬といえば木の板で作られたものが多いが、千住絵馬の素材は、木は木でも厚さ1ミリ以下の経木と付木。江戸周辺に流行したもので、他地方では類例が少ないという。

本体の経木の部分が薄いので、目によっては反ってしまったりもする少々手強い素材。胡粉《ごふん》を地塗りに使い、天然膠《にかわ》を温め泥絵の具と合わせて乳鉢ですり、同じ色の部分をまとめて何枚か描き、乾いたら次の色を重ねる。粉を足し、水を足し、にじむようなら膠を足し、かといって膠が多すぎると夏は腐りやすいので控えめに……微妙な調整をしながら描く。江戸期の材料としごとをほぼそのまま踏襲して続けられている。

旧街道に面した、中二階建ての店は、吉田さんによると少なくとも230～240年は経っているという。代々仕事場となってきた畳の間、客を迎える上がりかまち、低い天井……。時を刻んだ木の空間が心に染みる家である。東側全面のガラスを通してさし込む自然光と裸電球の光だけが、この仕事場の明かり。

1年は10ヶ月

私の仕事は二月の初午が山である。（中略）正月は年末の延長の様にしか思はれない。丁度暮が二ヶ月続く様なものだがそれが過ぎると早くも雛祭の三月であり、私の一年は十ヶ月しかない。それも落ちつかないそゝくさとした毎日である。

▶絵馬屋の店先で

7代目政造氏が亡くなる3年半前に集大成した句集『千住』の後記のなかに、当時の仕事風景を垣間見ることができる。家族はこの「そゝくさとした毎日」に巻き込まれて育った。

千住の絵馬屋の父と娘の話を童話にした絵本『白いきつねの絵馬』（大川悦生作、太田大八絵、ポプラ社）のなかにも、こんなくだりがある。手伝いをさせられるようになった晁子さん（絵本の中ではりょうさん）は小学校4年生の冬、傷のある板をもらって、お父さんのまねをしてきつねの絵馬を描く。そして、その白いきつねに毎晩祈るのである。「うちへも　お正月をはこんできてちょうだい。」……

晁子さんは一番上だったので、ごく自然に忙しい父を手伝った。ふち塗りを手伝い、その中に父が色を入れ、筆を動かすのを見てきた。学校から帰れば玄関先で父の姿を見、ごはんのときも、お茶のときもいつもいっしょだった。

その父が亡くなって「お客様はぱたりと減りましたけど、それでも何とか新しいのをあげたい、というお客様がいらしたので、1日2日待ってくださいとお話しして、そのときは母も妹もいましたから、こうかしら、ああかしらと言って仕上げたんです」

するとまた始まったと聞いて、お客様が少しずつ帰ってきてくれた。お客様に押されて続けてきたというのは、一面の真実だろう。しかし「やめる」という選択肢もあったはずである。彼女はどうして続けてきたのか。思い切って聞いてみた。

お父さんが好きだったんですか。それとも絵馬が好きだったんですか。

晁子さんはこのとき、にこりと笑って答えてくれた。「両方かもしれませんねえ」。

何か特別な思いがあってやっているわけでもないし、勉強しているわけでもないといつも口

数の少ない晁子さんだが、父の死後、絵馬と向き合ってもう数十年が過ぎた。父のようにガラス戸ごしに仕事姿を見せることもなく、彼女の思いは町の人たちに伝わりにくいけれど、積み重なってきた年月とともに確実に増してきている彼女の愛着が、千住絵馬をこれまで守り抜いてきたのだと感じる。そして今後、次のバトンを受け取る人がいるのかどうか、とても気になるところである。一人きりの息子さんも今は勤め人。そんな話はお互い「聞きもしないし、言いもしない」。しかし、何とか続けてくださるといいですねえ、と思わず口をついて出てしまった私の言葉に、晁子さんは、遠慮がちな笑みを浮かべながら、小さく静かにうなずいた。

第3章

こちら足立区役所です

以前テレビ番組で石川義夫副区長が「足立区のいいところ」を聞かれ、緑が多いとか人情があるとか言う前に「職員が素晴らしい」と即答してちょっと驚いたことがあるが、確かに足立区の職員※は、ガッツがある人が多い気がする。トップの強いリードのもと、職員が奮闘、変わりつつある足立区の一端を、一区民としての視点も交えながらご紹介しようと思う。

※区民1000人あたりの職員数は、23区最少（2018年4月現在）

地味で地道な広報改革——23区初のシティプロモーション課

行政が発行するチラシはとても多い！

足立区に、23区では初のシティプロモーション課ができたのは2010年のことだ。課長と担当係長を経験者から公募し、足立区にとってのシティプロモーションとは何なのか、それを考えるところから仕事はスタートした。課長は大手広告代理店からの転職、私は広告代理店勤務、フリーライター・編集者を経て、シティセールス担当係長に就任。ほかの3名は生粋の足立区職員という5名体制でスタートした。

序章でも述べてきたように、当時、強かった足立区のマイナスイメージは、住民へのアンケート結果にも現れており、「愛着を持っている」と答える人は約7割もいるのに「誇りに思う」と答える人は3割前後。そのギャップを埋めることを第一のミッションと考え、区制80周年を迎える2013年度をひとつの節目として、「誇りに思う人」の割合4割を目指すこととした。

足立区の「治安が悪い」というマイナスイメージに対しては、後述（161ページ）のように、区が推進しつつあった「ビューティフル・ウィンドウズ運動」を、キャラクターの活用などを通じて効果的に伝えることに取り組んだ。この他の「マイナスイメージ要因」に対しても分析して取り組むとともに、「伝える」ということ、さらには区全体の情報発信力のアップを「磨くプロモーション」と呼び、新たな魅力を創り出そうとする「創るプロモーション」、そして「戦略的報道・広報」の3本柱を中心に、シティプロモーションをスタートした。

中でも足立区のシティプロモーションが顕著な成果を上げてきたのが、「磨くプロモーション」の中の「情報発信」の部分だろう。この項では、シティプロモーション課の取り組みのうち、主に「情報発信」についてご紹介しようと思う。

自分が、民間で働いていた立場から、行政人となって知ったことのひとつは、行政が発行するチラシなどの「情報発信」の数は想像をはるかに超える多さであるということだ。行政が行う事業は、こんなにあったのかと思うほどである。

が、私自身、足立区民であるにもかかわらず、これまで一体いくつの事業に関わったことか。よく知れば住民として興味あるものもあるのに、ほとんど知らないまま過ごして来た。それにはいろいろな要因があるが、数多い広報媒体が効果を発していないことは、ひとつの大きな要因だと思う。これら大量の情報を、住民に届くものに変えていくため、シティプロモーション課が相談窓口となってテコ入れすることにした。

誰に来てほしいのか

シティプロモーション課が創設された2010年、「障がい者週間記念事業」の前年度のチラシ（下）を持って担当職員が相談に来た。ベージュの紙に庁内印刷した文字だけのチラシで、当時の足立区役所ではごく一般的なものだった。

相談があるといつも最初にする質問なのだが、まず「このイベント

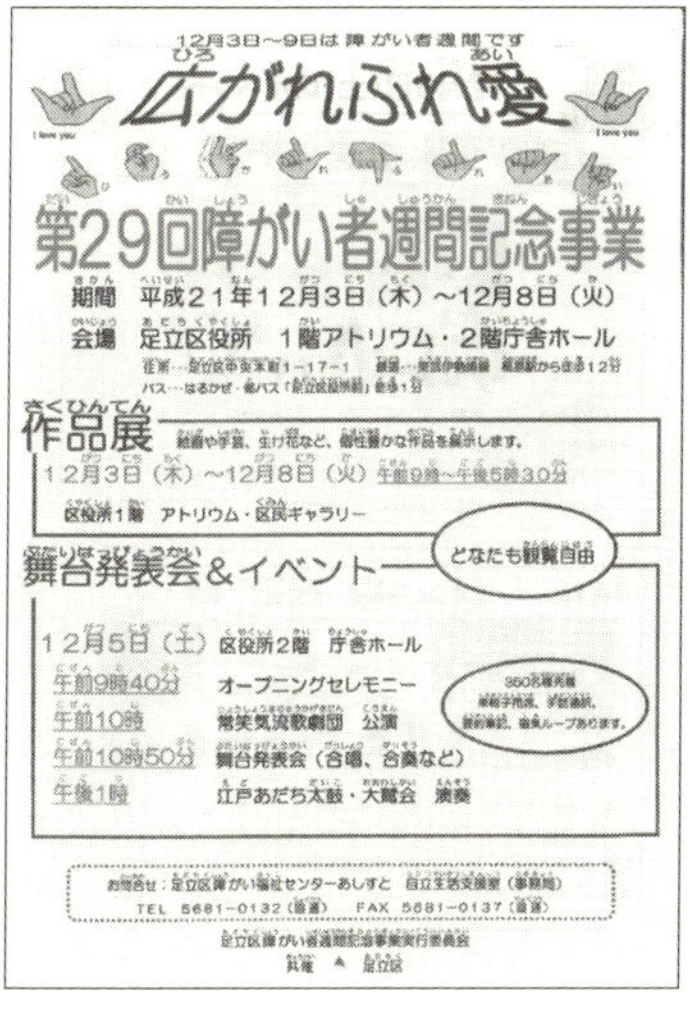

▶2009年のチラシ

は誰に来て欲しいのですか？　障がいをお持ちの方やそのご家族に来てほしいのですか」と聞いてみた。担当職員は、「障がい者や家族はもちろんだけれど、むしろ、一般の方にも来てほしい。こういう機会に知ってもらいたい」と言う。

しかし、どうだろう。ふだん障がい者と接点のない方が、このチラシを見て、行ってみようと思うだろうか。あらためてそう問うと、担当職員も考え込んでしまった。

ところが、実際に昨年展示されていた作品の写真を見ると、実に面白い。障がいのある方の、固定観念にとらわれない発想は、障がいのない人が見ても魅力的だ。しかし、チラシではそれが伝わってこない。

２０１０年度はそこを伝えようと話し合いを重ね、出来上がったのが下だ。どうだろう。ちょっと行ってみたくなるのではないだろうか。

▶２０１０年のチラシ

チラシ作りに当たっては、ポイントがいくつかあるが、最大のポイントは、ターゲット（来て欲しい人）を明確にするということだ。写真を選ぶときも、言葉を選ぶときも、常にターゲットの目線で見る。同じ情報でも、伝え手の立場から見るのと、受け手の立場から見るのとでは、自ずと異なるからだ。ターゲットが誰なのかを明確にするという単純なことだけで、広報物はがらりと変わり、相手に届くものになる場合が多い。

たとえば、このチラシの場合、２００９年度のメインコピーは障がいのある方に対して訴える「障がい者週間記念事業」だった。２０１０年度は、狙うターゲットの立場に立ち、「のびのび自由なアイデア作品見に来ませんか」とした。

具体例がすべてを語る

チラシ作りのポイントの2つめは、目をとめさせるもの、アイキャッチとなるものをつくることである。アイキャッチがなければ、あまたあるチラシの中で、ターゲットに手に取ってもらうところまでたどり着けない。

2010年度は障がい者の方たちの作品の中から張子のトラを選んだ。よく行政では、平等にと考え、いくつもの写真を同列に並べるが、それでは結局どの写真も生かされず、インパクトのない紙面となってしまう。このときも最初は、たくさんの作業所から出展があるので、公平に掲載したいと担当職員は主張したが、1つの具体的な事例がすべてを代弁し、物語るのだからと伝え、話し合いを重ね、最終的に1作品をメインに紙面を構成した。

余談だが、紙面が出来上がってくるにつれ、担当職員の熱意も増してきて、関わりある障がい者の方の中から筆文字を書く方、イラストを描く方、と次々連れてきて、最終的には昨年とは一転、カラー印刷で仕上げてしまったので、かなり印象の違うものとなった。担当職員の思いの強さも、魅力的なチラシを作る大きなポイントだ。

障がい者週間記念事業のチラシはその後も毎年工夫を重ね、2014年からは「障がい者アート展」というタイトルもつけた。

▶2016年のチラシ

担当職員が変わる

Ｉ係長から相談を受けたのは、２０１２年夏のことである。中央図書館に異動してきたばかりのＩ係長が担当となって秋に行うトークイベントのポスター・チラシデザインを見てほしいという。印刷会社がデザインした紙面は、プロの仕事だけあってまとまってはいたけれど、焦点が定まっていない感が否めなかった（下右）。ターゲットは誰なのか。今回のイベントの場合「老若男女どなたでも」ではないだろう。狙うのは、北村薫ファン。では、大量のチラシやポスターがあふれるなかで、このポスターは北村薫ファンの目をとめることができるのか。あらためてＩ係長と話し合った。

ファンといっても、何度も繰り返し読むほどの大ファンもいれば、たまたま1冊だけ読んだ人もいる。そんな多様な北村薫ファンに目をとめてもらうには、ファンの多くが見覚えのある直木賞受賞作『鷺と雪』の表紙が目に留まるように見せること、そして北村薫ワールドのちょっとミステリアスな世界観を感じさせることでは、と話がまとまり、作り直してもらったのが左である。カットできる文字情報はできるだけカットした。

「余白をあれだけ残すって、我々には勇気の要ることでした」とＩ係長は後日話していたが、ポスター・チラシを配布したところ、申込み受付初日に定員１８０名の枠がほとんど埋まってしまったという。もちろん区の広報紙やホームページでも募集はかけたが、図書館のイベントで、これほど即座に「満員御礼」となったことはなかったという。同じ画像、同じ材料を使っ

▶２０１２年チラシ（修正前）

ているし、ちょっとした違いなのだが、ちょっとのようでその差は大きい。

その後もI係長からはたびたび相談を受けているが、初回で自信をつけたI係長は、回を重ねるごとに広報物へのこだわりを増し、２０１３年秋のイベントでは受付開始後電話が鳴りやまず、１時間で定員超えの快挙となった。広報は結果が見えるのが面白い。そして、それをなすのは、仕掛ける担当職員の強い思いだ。

▶同右（修正後）

地味に地道に一歩一歩

前述のような広報物相談を、シティプロモーション課では年間約４００件（２０１６年度）受けている。約４００件といっても、1件当たりの打ち合わせ回数は2回のものもあれば10回20回と相談を重ねるものもあるので、とにかくシティプロモーション課では打ち合わせが多い。打ち合わせを重ね、伝わる広報物を生み出して行く。

そして何より、とにかく数多い行政の情報発信の精度を挙げていくためには、約３３００人いる職員が変わらなければならない。というわけで、シティプロモーション課が創設されてすぐに、職員向けの「おいしいチラシの作り方」ワークショップをスタートした。20人程度の少人数で、基本的な考え方を講義で伝えるとともに、実際に課題をもとにチラシ案を作成してもらい、最終的にはパソコンを使って、パワーポイントでチラシを仕上げるところまでやる。半日×2回のワークショップで、広報はまったく素人という人でも、自称「センスがない」人でも、最低限の「伝わる」チラシをつくることができるようになる。チラシ作りの研修は年に1〜3回程度実施、このほかにカメラ研修や編集研修なども必要に応じて開催、これまでに累計496人（2018年3月現在）がシティプロモーション課の広報研修を受けており、全職員の1割以上が受けていることになる。

また、毎年、全ポスターエントリーを原則とするポスターコンテストを行うなど、足立区のシティプロモーション課が取り組んできた情報発信力を上げる活動は、内容的にも、金銭的にも、かなり地道ではっきり言って地味である。広告代理店に依頼したりCMを作ったりなどの、派手なプロモーション活動は一切していないのである。

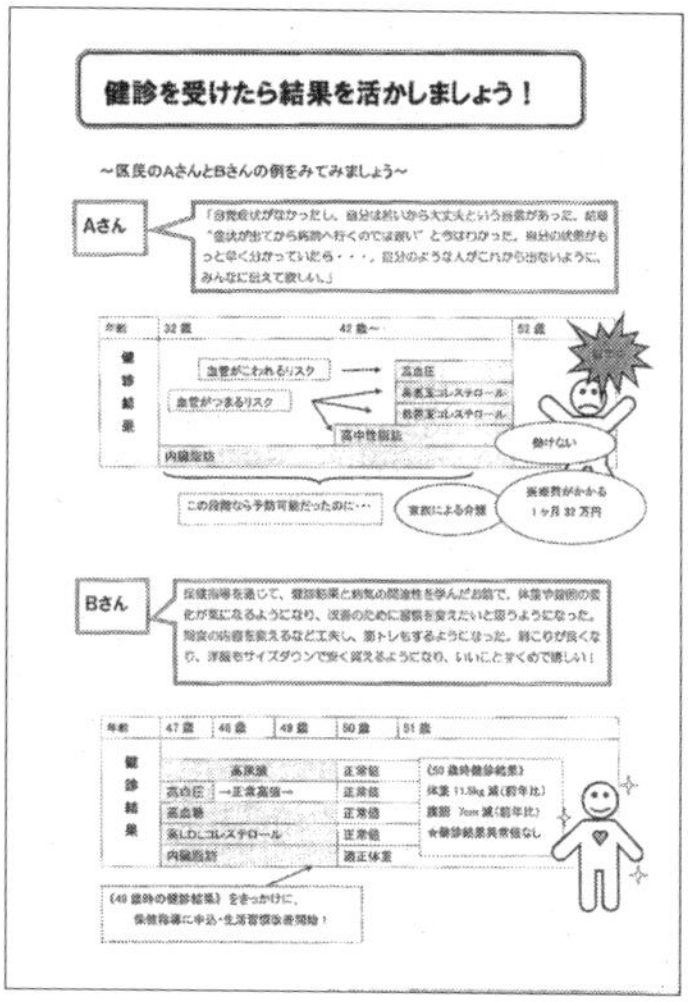

▶2011年作成の健診受診を促すチラシ（修正前）

「創るプロモーション」として千住地域で行っている前述（103ページ）のまちなかアートプロジェクト「アートアクセスあだち 音まち千住の縁」も打ち上げ花火的な要素はほとんどなく、地域の大学とともに、地域の人たちとつながり、クリエイティブな能力を潜在化させている若い世代とつながり、じわじわと地域にコミュニケーションを生み出していくという、こちらもどちらかというとかなり地味な取り組みである。

しかし、「人」に対してじわじわとアプローチをかけてきた手ごたえが、徐々に、はっきりと、感じられるようになってきている。

課ができたばかりの頃は実際のところ、これまで淡々とこなしてきた業務にいちいち物申す新しい課は各方面からうるさがられ、バスの中で職員同士が「余計なこと言いやがって」とシティプロモーション課の噂話をしているのを耳にしたこともある。トラブルも少なくなかった。

しかし、トップの強い意志にも支えられ、現在は多くの職員が「伝える」重要性を認識するようになった。役所は昔からさまざまな事業に真摯に取り組んできたが、その情報を発信することには注力してこなかった。ベクトルを少し変え、「伝える」ことの重要性を訴え、「伝える」スキルを伝授し、ともに「伝える」努力を重ねてきたことで、前述のI係長のように「伝わる」面白さに気づき、動き始める人が出てきた。

人が変わり、人が動くことが、何より持続的な底力になる。区職員全員が情報発信を、全員がシティプロモーターへ、という思いで、小さな仕掛けを積み重ねる日々である。

あらゆる課の相談を受けることで、シティプロモーション課はある意味、区役所のハブのような存在となり、縦割りになりがちな行政の組織に横串を刺すことができているのも足立区のシティプロモーションの特徴だろう。ばらばらに行われていた複数部署の同種イベントを効率的・効果的に集約したり、相乗効果が起こるよう調整したりといった役割も果たしている。

情報発信はもちろんのこと、さまざまな要因があいまって、目標とした2013年度、「足立区を誇りに思う」人の割合は4割を超えた。この時点でシティプロモーション戦略方針を改定、「磨くプロモーション」「創るプロモーション」「戦略的報道・広報」に「つなぐプロモーション」を加え、「足立区を誇りに思う」人の目標値を上方修正、ちょっと厳しいかなと言い

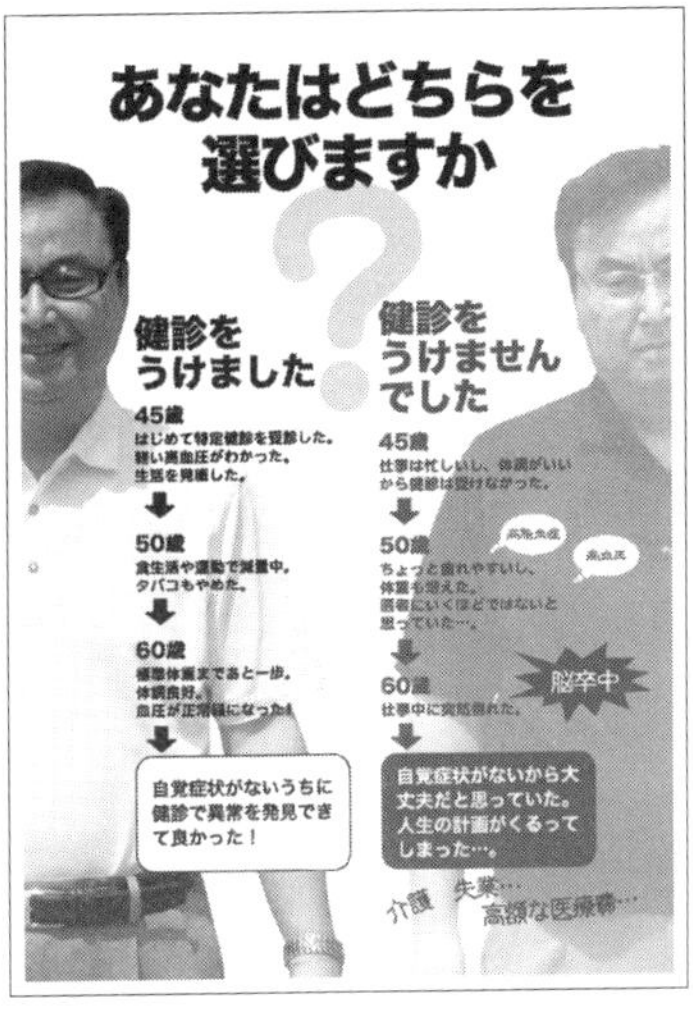

▶同右（修正後）モデルも職員。チラシ発行後、健診受診率は上がった

ながら、「2016年度までに5割」とした。

「足立区を誇りに思う」人の割合はその後も順調に推移し、2016年度には、51・4％と、目標通り5割を超えた（左グラフ参照）。現在は、新たにスタートした「つなぐプロモーション」として、現在区が掲げる「協創」というキーワードのもと、区役所から飛び出し、まちのなかのさまざまな団体や企業、人と、一人ひとり、一つひとつ、出会いながら、まちの皆さんと一緒に動きはじめている。

都市型シティプロモーションは地味で地道が正解だったのかな、と思っている。

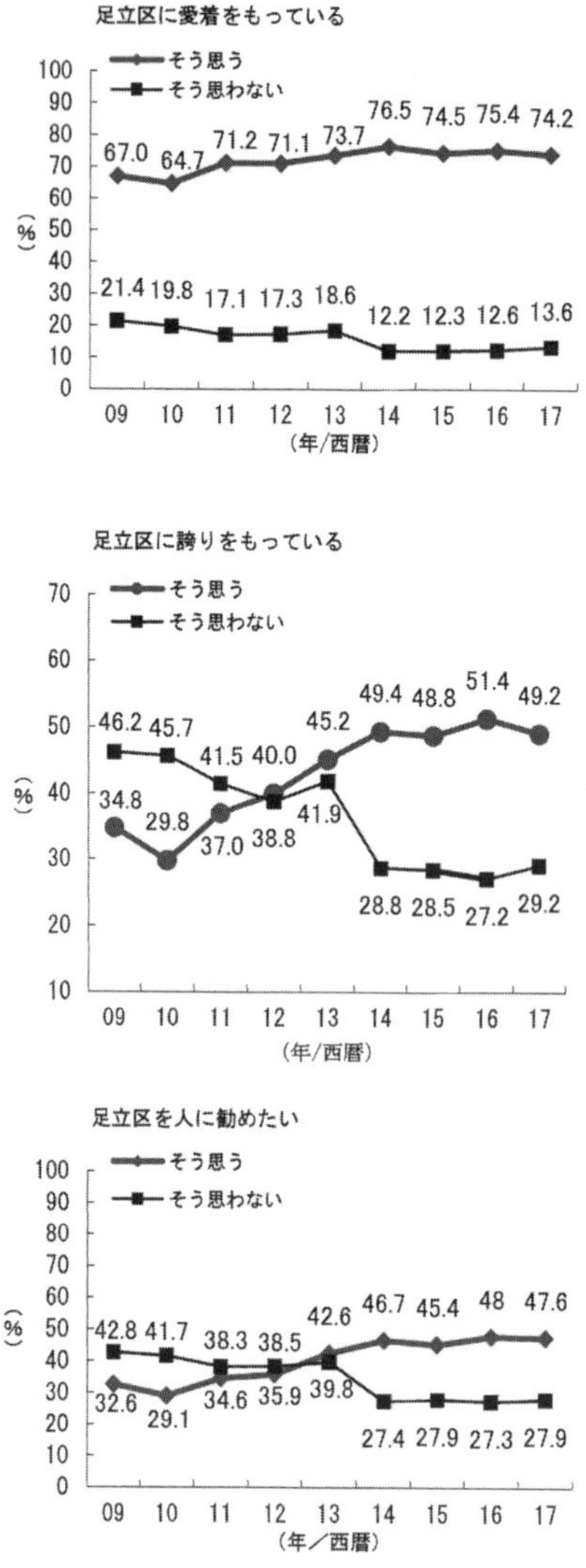

（注）各年度の世論調査結果より引用。
端数処理のため、和が100％にならない場合がある

（コラム）大学誘致のウラ話

昭和の時代、足立区は大学のない区だった。

放送大学東京第3学習センターが足立区の綾瀬に開設されたのは、1993年。その後2000年に、現在の場所（千住）に移転する。[*1]

これを皮切りに、2002年に23区内に大学や工場の進出を抑制していた工業等制限法が廃止されたのに伴い、足立区は次々と大学を誘致してきた。子どもの数が減少し、小中学校の統廃合が進む。その、廃校となった学校の跡地に。

北千住駅からもほど近い千寿小学校は、2006年、東京藝術大学の千住キャンパスに生まれ変わった。移転してきたのは、音楽環境創造科という一風変わった学科だ。学生数は少ないが、少数精鋭かつ、校舎から飛び出し、まちの方々と関わりを持ちながら学び、アクションを起こしてくれているのでインパクトは小さくない。[*2]

続いて2007年、かの『3年B組　金八先生』のロケ地「桜中学」として使われた第二中学校跡地に、東京未来大学が開学。レンガ色のフロアが印象的な、おしゃれなキャンパスとなっている。こども心理学部、モチベーション行動科学部という、ユニークな2学部で構成されているせいか、チャレンジ精神旺盛な学生も多い。[*3]

2010年に、千寿元宿小学校跡地に開設されたのが、帝京科学大学。いのちをまなぶキャンパスと銘打つ。生命環境学部、医療科学部、教育人間科学部の3学部で、医療の専門職や動

＊1放送大学学生数＝2522人（2017年5月現在、以下同）

＊2東京藝術大学学生数＝147人

＊3東京未来大学学生数＝2441人（うち通信制の学生は1108人）

▶東京未来大学

物看護師、また、教員、保育士などを養成する特色ある大学である＊4。

そして真打ともいうべき、なんと5000人を超える学生と一緒に2012年、やって来たのが、マンモス大学、東京電機大学である＊5。

北千住駅前にあった広大なJT社宅跡地、廃校となった第十六中学校跡地などが、ちょうど手狭になった神田キャンパスからの移転先を探していた当時の担当者の目に留まり、ことが動いた。実は、JT社宅跡地はそのときすでにホテル誘致に舵を切っていた。当時、ホテル誘致に奔走していた、都市整備部の佐々木拓副参事（当時。現・都市建設部市街地整備室長）に話を聞いたことがあるが、ここに至るまで時間をかけ、あらゆることを各方面と調整し、すでに住宅市街地総合整備事業の大臣承認も取って進めていたタイミングで、絶対無理だと思ったと話していた。行政の中にいて計画を変える、それも実現直前の計画を変えるなんていうことは、なかなかないことである。でも、足立区では、トップの強い意志のもと、職員の粘り強い根回しと交渉によりやり遂げた。足立区の子どもたちが育つ地域の環境の中に、大学があってほしい、大学生が歩くまちであってほしいという強い思い、そして、大学があったら面白いんじゃないか、そんなワクワクする気持ちを、職員それぞれが持っていたからこそ、たくさんの困難にも、臨んで来れたのではないかと思う。

その後も、花畑エリアへ、学生数1600人程度となる文教大学の開設（2021年予定）、江北エリアへの東京女子医大東医療センターの移転（2021年予定）と、強い思いで臨んだ誘致活動は実を結びつつある。

＊4帝京科学大学学生数＝2898人

＊5東京電機大学学生数＝6136人

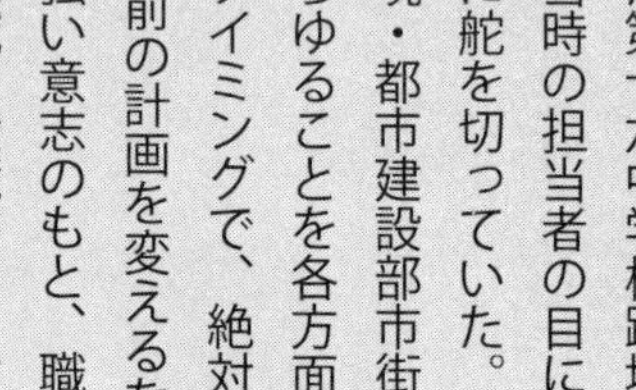

▶帝京科学大学とお化け煙突モニュメント

犯罪の数を減らす！——ビューティフル・ウィンドウズ運動

足立区が、犯罪数を減らし、治安のよいまちと自他ともに認められるまちになることを目指して、「ビューティフル・ウィンドウズ運動」をスタートさせたのは、２００８年のことだ。

２００６年から２００９年の足立区の刑法犯認知件数は、ダントツの23区トップを走り続けていた。１章でも述べたように、面積割りで見たり、１人当たりの犯罪数を見れば決してトップだったわけではないのだけれど、総数をあらわす「刑法犯認知件数」が毎年発表されるたびに「足立区は治安が悪い」と言われ、「治安が悪い」というのがまるで足立区の代名詞のようになってしまっていた時期だった。

そんなときちまたでは、１９９４年に就任したアメリカ・ニューヨークのジュリアーニ市長が「ブロークン・ウィンドウズ（割れ窓）理論」を取り入れ、治安を回復させたことが話題となっていた。これは、アメリカの犯罪学者ジョージ・ケリングが考案した理論で、割れた窓を放置することで地域への関心が薄れてまちが荒れ、いずれは重大な犯罪につながるという学説だ。軽微な犯罪に見えても放置することが治安の悪化につながるということから、ジュリアーニ市長は、まちなかの落書きや違法駐車、未成年者の喫煙などの軽犯罪を取り締まることから始めて、治安を回復させ、大きな成果を上げた。足立区も、この取り組みに注目した。

「治安」が、足立区にとってはとにかくネックである。ニューヨークと事情はかなり違うけれども、もしかしたら、この手法でいけるかもしれない。ワラをもつかむような気持で、「ブロークン・ウィンドウズ理論」を取り入れる決意をした。ただし、足立区では、これを足立流にアレンジした。「割れた窓を減らす」こと＝「美しい窓を増やす」こと。それならポジティブな発想で、「美しい窓」をテーマにしよう。

名称を「ビューティフル・ウィンドウズ運動」と定め、２００８年、藝大の学生さんの力を借りてキャラクター「ビュー坊」をつくり、スタートした。キーワードは「美しいまちは安全なまち」とした。

かわいいキャラクターは徐々に人気となってはいくが、刑法犯認知件数のほうはなかなか下がらず、やはり23区1位と2位を繰り返していた。その実数に大きな変化が見られるようになってくる２０１２年度より、危機管理課生活安全推進担当係長となり、この運動が最も動きを見せた激動の4年間を走り抜けた中島宣幸担当係長（当時。現在文化施設経理担当係長）に、刑法犯認知件数をぐっと下げた要因は何だったのか聞いてみた。「警察との連携*、地域との連携、区役所の仕掛けの３つでしょうか」。

地域住民もまちを安全にしたい！

「ビューティフル・ウィンドウズ運動の成功は、地域の方との連携なしには成し遂げられなかったと思います」。そう、中島係長は言うが、たしかに私も実感レベルでそう思う。もちろん、全区民という意味ではない。町会・自治会を中心とする、まちへの思いの強い人たち、あるいは子どもを通じて区の事業とつながりやすい子育て世代など。

▶ビュー坊

＊警察との連携＝２００９年12月21日、足立区は、警視庁と「足立区治安再生事業の推進に関する覚書」を取り交わした。警察が本格的に取り組むようになったことは運動推進の大きな力となった

私の家から徒歩1分の小さな公園の花壇は、いつも驚くほどきれいに花が植えられ、よく手入れされているが、実はこれも近くに住む方のボランティアによるものだ。花壇は以前から区民の方が手入れしてくださっていたが、近年は、道具や種を購入したりすることに区から少しながら助成金をお渡ししたり担当職員が回ったりするようになり、ボランティア活動もよりスムーズに行うことができるようになったと花壇を手掛ける方から聞いたことがある。

また、個人的な話で恐縮だが、ビューティフル・ウィンドウズ運動を推進してきた期間、うちの子どもたちは小学生から中学生へと育っていくタイミングだった。キャラクターのビュー坊は小学校や保育園を中心にPRしてきたし、区役所の呼びかけで学校側の意識も高かったのではと思うが、何でも楽しんでやってしまううちの娘（現在中2）は、自宅の前にごみが落ちているのに気がつくと拾い始めて、家の面する路地の端まで拾い集めていたりするし、私が地域グループで行っていたゴミ拾い活動に「人が少ないから手伝って」と息子（当時中学生）に声をかけると、さすがに嫌がるかなと思いきや、ぶつぶつ言いながらも手伝ってくれたこともある。「まちはきれいであってほしい」という基本的なスタンスが身についているのを感じる。

足立区に20年以上住んでいる私は、客観的に他地域と比べることができないかもしれないが、地域のおじさんおばさんがごみ集積所のまわりを自らきれいにしてくださっていたり、住民それぞれが、路地に面した家のまわりに花や緑を植えたりという慣習が今でも継続している地域なので、「まちをきれいにしよう、そのことが安全にもつながる」というメッセージは何の違和感もなく住む人たちに届いたのではないかと思う。そしてまた、自分たちのまちを「治安が悪い」と言われることに腹立たしさを感じてきた住民たちに「安全なまちをつくろう」という

▶千住花＊花会による駅前花壇の花の植え替え

▶区職員ボランティア清掃（月1回）

メッセージは届きやすかったのかもしれない。足立区長が、毎朝ごみ袋片手にごみを拾いながら出勤している姿も、見ている人は見ているだろう。

さらに、「自治体としては早期に取り組んだ青パトも、地域の方が自主的に使ってくださらなければ飾りで終わってしまいました」。

警察のパトカーが車上につける赤い回転灯に対し、市民が自ら防犯巡回に取り組む際、許されているのが青色回転灯だ。この青色回転灯をつけた軽自動車（青パト）を2台、区で用意したのは２００６年だ。区民事務所に配置し、町会やＰＴＡなど地域団体に使ってもらうよう呼びかけた。区で提供したのは、車、ガソリン、保険の３つだけ。あとは、地域の団体の申請により、自由に貸し出し、好きな時間帯に、好きなエリアを回っていただくこととした。車の台数は徐々に増え、現在10台（２０１８年3月現在）。稼働率は7割〜8割。現在はこのほかに町会等が独自に取り組むものが10台以上、区が事業者に委託しているものも4台ある。つまり足立区では、ほぼ1日中（深夜も）、約25台の青パトがぐるぐる区内を巡回して、地域に目を光らせているということ。

「ピカピカ光る青いランプは、誰かが地域を見ているぞというアピールで、犯罪者の意志をそぐ力があるといいます。青パトで何件犯罪が減ったという数字は出せないですが、これだけ青パトを見かければ、確実に犯罪抑止力になっているのではと思います」

苦労も多かった4年の取り組みを振り返って、中島係長に「良かったこと」を聞くと、「地域の方とたくさん知り合えたことです。皆さん防犯意欲が高く、同じベクトルで一緒に取り組めたことはとても楽しかった」と即答で返ってきた。区の職員のモチベーションが上がってし

▶青パト

まうくらい地域の皆さんの意識が高く、積極的に取り組んでいただいており、ビューティフル・ウィンドウズ運動は、まさに役所と区民の協働の動きとなっているのだ。

メディアの力を借りて

ビューティフル・ウィンドウズ運動推進のために、区として新たに仕掛けたことも、たくさんある。ひとつは防犯カメラだ。

中島係長によると、実際に防犯カメラがついたことによる「防犯力アップ」もさることながら、このような区独自の共同住宅向け施策が全国初だったため、多くのメディアが取り上げたことが大きな効果を持ったと感じるそうだ。「テレビでは『ガイアの夜明け』『たけしのニッポンのミカタ！』、紙面では『女性セブン』や新聞各紙が取り上げてくれ『足立区には防犯カメラがついているぞ』というメッセージを世間に送ることができたと思います」。

そういう意味では、足立区のビューティフル・ウィンドウズ運動は常にメディアとともに歩んできた。「戦略的報道・広報」という言葉は、シティプロモーション課ができたときの戦略方針３つのうちの１つでもあり、広報を独自で行うだけでなく、常に、メディアと仲良くしながら、メディアの力を借りて行ってきた。

防犯カメラの次に取り組んだ自転車盗難対策もしかり。２０１２年から取り組んだ「愛錠ロック大作戦」は、職員が駐輪場に出向き、愛情をもって、鍵のかかっていない自転車に鍵をかけて、持ち主が戻ってくるのをじっと待ち、持ち主が戻ってきたら警察官同行のもと住所氏名

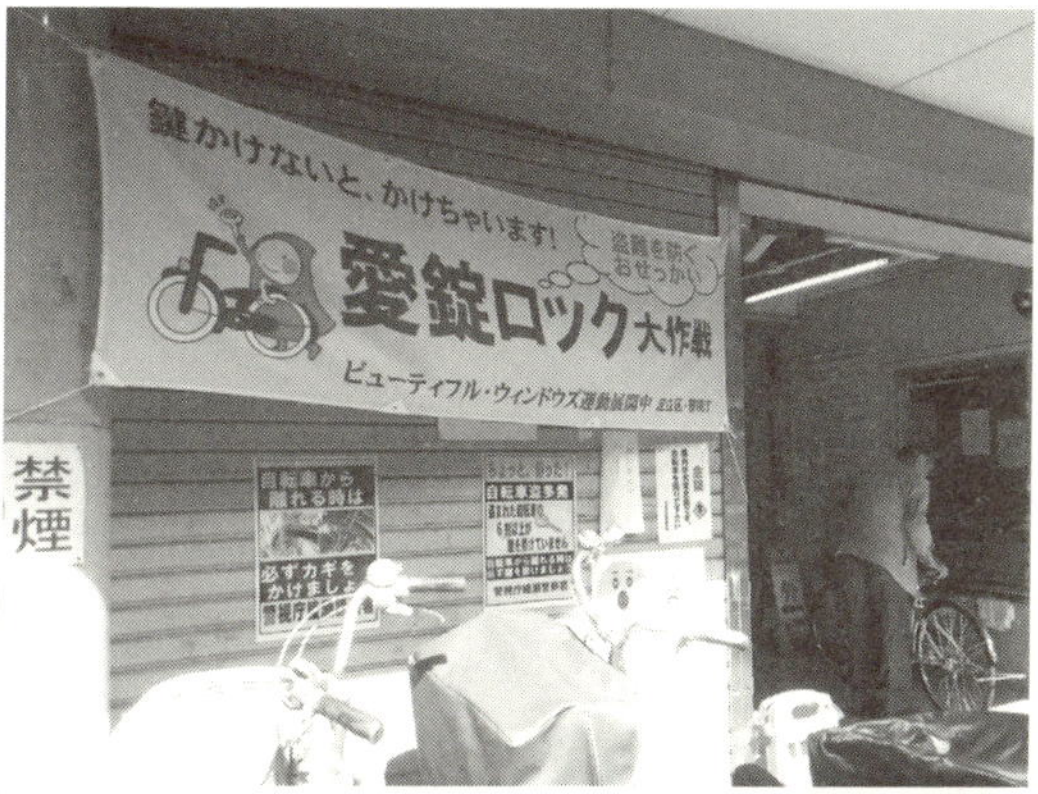

▶愛錠ロック大作戦のPRフラッグ

を確認し、防犯登録と本人確認を行ったうえで鍵を開けるという、なんとも地味で効率の悪い、静かな作戦だったのだが、こちらもメディアのインパクトが大だった。

2カ月に1度作戦を実施し、そのたびにメディア向けに情報を流す（プレスリリース）。すると、ネーミングが面白いのかそこまでやる感がウケたのか、リリースするごとにほぼどこかのメディアが取り上げてくれ、ＮＨＫの朝のニュースや新聞にも多数掲載されたため、かなりの問い合わせがあったのはもちろん、「足立区が、ここまでして自転車に鍵をかけようと言ってる」ということが区民の皆さまにも徐々に伝わっていったのではないだろうか。

実は中島係長自身、駐輪場で持ち主が帰ってくるのをただひたすらじっと待ちながら、「こんなことやって意味があるのかな」と何度も思ったという。地味な仕事は、メディアに取り上げられることで区内外からの反響を肌で感じ、初めてやってよかったなあと感じることができたという。

自転車に関していえば、交通対策課と一緒に放置自転車対策にも取り組んだ。国の緊急雇用創出事業交付金を最大限活用するなどこちらも人海戦術だったが、かなりの成果を上げており、実際、生活者目線で見ても、駅前などにとめられた自転車を見かけることはなくなったし、現在23区でいちばん駅周辺放置自転車数の少ない区となっている（警視庁交通年鑑平成26年度版より計算）。ちなみに足立区は、駐輪場設置数（２０１５年度）、自転車防犯登録台数（２０１４年度）も23区1位だ。

このような他課との連携も特徴だ。各課がビューティフル・ウィンドウズ運動の名のもとに、取り組んでいるプログラムは現在３００近くある。* そして、たとえば、美化推進係で行ってい

＊他課との連携の例＝地域調整課→路上喫煙防止パトロールによる啓発・指導取締りや春・秋ごみゼロ地域掃除活動、道路管理課→不法投棄110番看板を設置、工事課→街路灯の改修計画促進、公園管理課→公園花壇自主管理協定の拡充、教育政策課→「挨拶運動」の実施など

足立区刑法犯認知件数推移

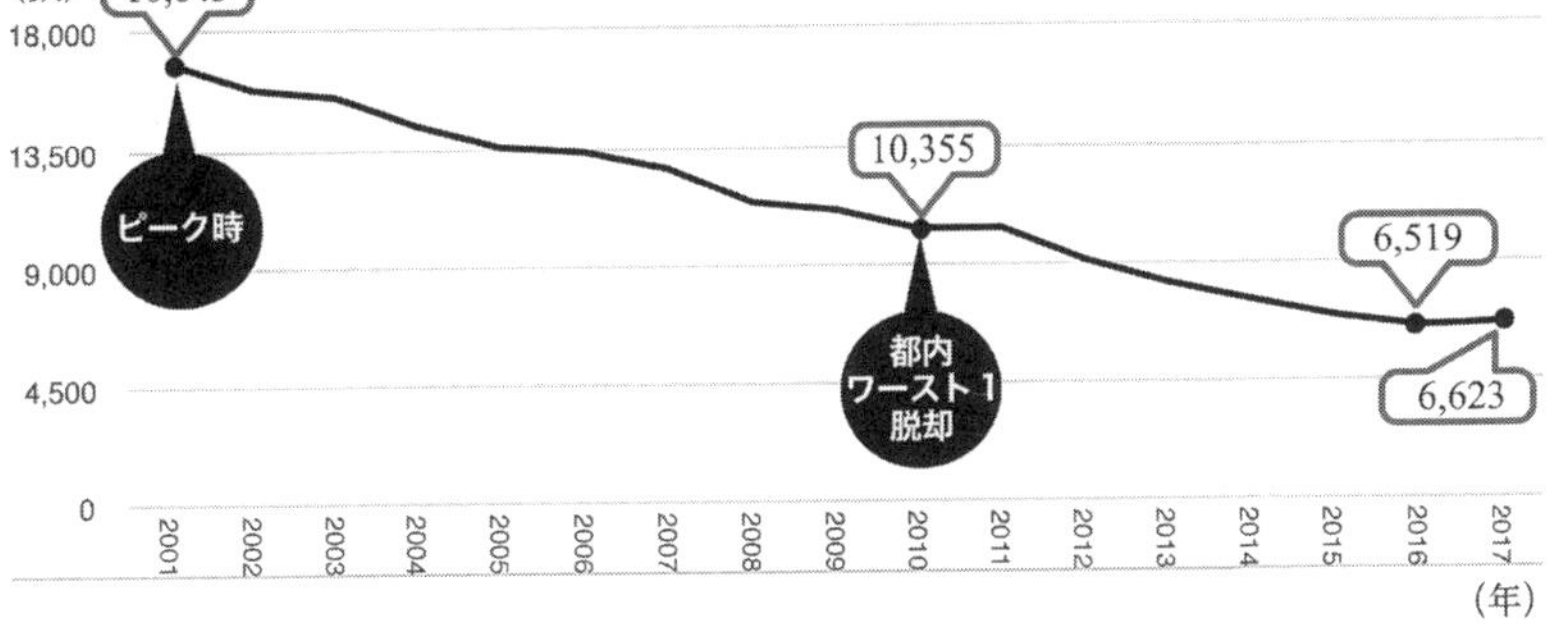

る歩行喫煙防止巡回員と、交通対策課で行っている放置自転車対策巡回員と、危機管理課で行っている徒歩による安全安心パトロール隊（通称：徒歩パト隊）に、少しだぶりがあるのではないか、着ているものがバラバラでないほうが良いのではないか、などの課題が持ち上がると関係各課が集まって方策を練り、人員を融通しあったりベストの色を統一するなど、いくつもの課が連携する動きがビューティフル・ウィンドウズ運動では数多い。

「縦割り行政」と揶揄されがちな地方自治体だが、足立区で比較的横の連携がとれている理由のひとつは、このビューティフル・ウィンドウズ運動にあると思う。

区職員が、温度差はあるにせよ、全員で、このビューティフル・ウィンドウズ運動にたずさわってきたこともあり、足立区の刑法犯認知件数は２０１６年、６５１９件と、ピーク時（１６８４３件／２００１年）の４割以下にまで下がり、刑法犯認知件数も４位（２０１６年）と、じわじわと順位を下げてきた。刑法犯認知件数の、面積比では23区上位６位（２０１６年）、人口比では23区上位13位（２０１６年）と、実質的に治安は良いほうから数えたほうがずっと

▶花のあるまちかどを増やす取組み

早くなった。また、２０１５年の世論調査から、「お住いの地域の『治安が良い』と感じている」と答えた区民が5割を超えた。

ただ、２０１７年に入ってから急に、犯罪件数の上昇が見られる。もちろん、面積比や人口比では決して悪いわけではないのだけれど、総数だけ見れば、月ごとの集計でまた、ワースト1に返り咲きそうな不穏な空気が漂い、危機管理課を中心に全庁的に「緊急事態」と宣言。複数の緊急対策に取り組みつつある。現・危機管理課・天野健司担当係長に犯罪数アップの理由を聞くと、２０１７年に入ってプロの窃盗団が足立区をねじろに動き回った（すでに検挙済み）ことと、足立区の先鋭的な取り組みを見て、他区が動き始めたことなどがあるのではないか話していた。全戸配布の『あだち広報』ではその動きを随時区民にも伝えて、注意喚起を行っている。「治安」は今後もずっと、足立区の最重要点施策のひとつとして目を光らせ、取り組む課題である。

▶『あだち広報』２０１７年５月25日号で「緊急事態」と宣言

足立区の給食はおいしい！――日本一おいしい給食を目指して

２０１７年2月と3月、8月に放送されたＮＨＫの地域発ドラマ「千住・クレイジーボーイズ」は、ＮＨＫが地域の魅力を掘り下げながらその地域ならではの物語を描く試みで、東京発ドラマの第2弾だそうだが、足立区の小学校の給食の調理士役で何度か給食を食べた俳優の小池徹平さんが、「めっちゃおいしい！　足立区の小学生がうらやましい」と、後日のインタビューで話してくれた。そう、給食は足立区の自慢である。

鶏がらや昆布、鰹節からだしをとる

２００８年度にスタートした足立区の「おいしい給食」事業は、全国に先駆けた、かなり画期的な取り組みだと思う。

まずは学校教育部の学務課の中に「おいしい給食担当副参事」と「おいしい給食担当係長」なんて、変わった名前の担当をつくった（２００９年）。そもそもは食べ残しが多いことを課題と捉え、子どもたちが食に関心を持ち、楽しんで食べられるよう、さまざまな取り組みを行う。

料理は薄味を基本とし、すべて食材から調理、ラーメンや汁ものも、鶏がらや昆布や鰹節からしっかりだしをとるなど、家庭でもなかなかできないことを給食で実現している。しかも学校ごとに栄養士が献立に工夫を凝らし、朝から調理して、お昼にできたてを出す。

▶コシヒカリ給食

全国的に見れば、効率重視で給食センターでまとめて調理し、各校に運ぶ自治体も少なくない中、足立区は、学校ごとに手作りの作り立てほやほやが机に並ぶ。ついつい忙しさを理由にでき合いの惣菜などを利用しがちな私のようなダメダメ母には、ありがたいことこの上ない。また、さまざまな取り組みが、手を変え品を変え実施されている。

たとえば、地産地消の取り組みとして、足立区の特産品である小松菜は、学校ごとにたびたび給食に取り入れている。さらに、年に1度は、全小中学校で「小松菜一斉給食」を実施。各校の栄養士が腕を振るって小松菜を「おいしい給食」メニューに取り入れる。そのメニューを見ると、小松菜パンや小松菜ポタージュスープ、小松菜パスタなど、家庭であまり作ったことのないような、一工夫あるメニューも多い。また、地元の小松菜農家さんに学校に来てもらい、小松菜の話をしてもらったり、逆に小松菜畑に出かけて子どもたちが収穫体験をする等、学校ごとに工夫を凝らした魅力的な取り組みがたくさんある。

コシヒカリ給食も年に一度、全小中学校、区立保育園、区立認定こども園で実施。

こちらは、足立区の友好都市魚沼市に、毎年、足立区の全中学1年生が自然教室に行っていることから始まった。子どもたちが田植や稲刈りを行い、足立区の子どもたちが、成育に携わった米をみんなでいただく、という取り組みだ。米作りのこと、農業のことに触れながら、おいしいごはんをみんなでいただいている。

魚沼に行った子どもたちからは毎年、「思ったよりもずっと大変だった」「農家の方の苦労がわかった」など実感のこもった感想が聞かれ、田植えや稲刈りの後、口にする米をひとかたならぬ思いで口にすると言う。また、まだ体験していない小学生の子どもたちにも、コシヒカリ

▶小松菜農家さんによる授業

給食は「やっぱり違う！」と、とても好評だ。

このほかにも年に2回のもりもり給食ウィークや、オリンピックメニューなどの特別メニュー、また給食メニューコンクールを実施し、その優秀作品を給食メニューとして出す等、子どもたちが食に興味を持てるようたくさんの魅力的な取り組みを展開している。

給食メニューコンクールは夏休み時期に実施しているが、毎年応募数が増えており、２０１６年には５８４０人、２０１７年には前年度より約１０００点も多く過去最多の６８３５人の応募があった。足立区の全小中学生数が約5万５０００人なので、６８３５人というと、なんと8人に1人以上が応募している。給食の取り組みの中でも、ロングランのヒット企画だ。

ちなみに２０１６年の最優秀賞（区長賞）は小学6年生男子が獲得、「最初は面倒くさいと思ったけど、作ってみると楽しかった」とコメント。区長賞に選ばれたレシピは「足立オールおいしい給食ウィーク」で再現され、区内全校の給食となって登場する（下写真）。家で料理をするきっかけ作りに一役買っているようだ。

役所の中の異端児

小中学校の残菜率は、２００８年には11・5%だったものが、２０１６年には4・2%。なんと半分以下にまで減少した。その差は、量で見ると、２４２トン。金額にして約９０００万円分だという。食品ロスとなって、さらに処分費までかけなければならなかった大量の食べ物が、子どもたちのからだとこころをつくる栄養となるようになったというのは、実にうれしい

▶区長賞に選ばれた男子のレシピの給食。小松菜ハンバーガー

ことだ。

ちなみに、他地域では残菜率はどうなっているのかと、現・おいしい給食担当の渋谷敏係長に聞いてみたところ、ほかの自治体ではデータ自体を記録・分析していないところが多いのだという。足立区は、自治体として、残菜率を減らしていこうという意識がそもそも他地域よりも強いのだろうと思う。

ただ当初は、突然できた担当、突然はじまった数々の事業に反発もかなりあった。

２００９年４月にいきなり「おいしい給食担当係長」を任命され、一番風当たりの強かった2年間を乗り切った笠尾康俊係長（現・介護保険課事業指導係係長）にも話を聞いてみた。

笠尾係長によると、担当になったときにはすでに自校調理方式で委託調理となっており、他の自治体に先駆けて全学校に栄養士を1名置いていたという。各校の栄養士さんはプライドをもって仕事をされていて、「おいしい給食って何？　そんなことやらなくたって、うちの給食はおいしいです」というスタンス。

「それまで１０９校（当時）がそれぞれに取り組んでいて、１０９通り、それぞれのやり方でやればよいとされてきたものにいきなり『残菜』という一つの指標を持ちみ、１０９校を比べてみようということになったわけです。現場からはものすごい反対がありました」

たとえば「残菜が多いことは必ずしも悪いことではない」という栄養士さんもいた。給食には食文化の伝承という面もあり、子どもたちが喜んで食べるものばかりは出せないと言う。たとえば秋の重陽の節句に出す「菊花ごはん」。見たこともない菊の花が混じったごはんは、多く残ることがわかっているが、それでも出す必要があると彼女は言う。

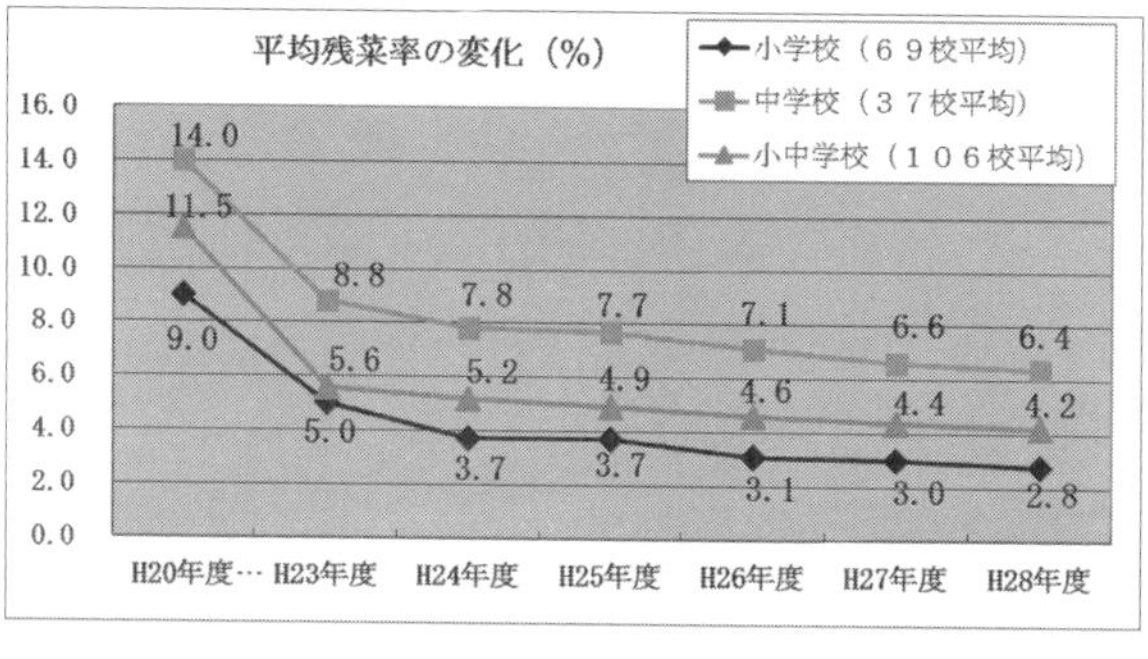

一方、「文化だろうが何だろうが子どもたちが食べなければ意味がないでしょ」という栄養士さんもいる。残されて廃棄されてしまえば子どもたちのからだをつくる栄養にならない。

109校がそれぞれの思いでやっていたことが、「おいしい給食」担当のもとに情報収集することにより明らかになり、不協和音が鳴り続けた。各校の栄養士が集まる月に一度の献立検討会では毎回、厳しい質問で追及された。「行く前に胃が痛くなりました（笑）」。

栄養士さんだけでなく、学校の対応もまちまちだったことがさらにやりづらさを増した。食育を大切にしている学校もあれば、給食は出しときゃいいんだという学校もある。自ずと栄養士さんの立場も違う。栄養士さんが職員室に席を持つ学校もあれば、事務室や主事室にいる学校もある。「役所にいて遠くから眺めているだけではそういうからくりがわからないんです」。「給食メニューコンクール」を企画しスタートしたときも、初年度はまったく反応がなく、取り組んでくれる学校はほとんどなかった。

というわけで、笠尾係長はとにかく学校に足を運んだという。当時、中島根小学校の栄養士だった木村いく子さんによると「しょっちゅう来るもんだから、仲良くなっちゃって。子どもたちもなついちゃって、区役所のお兄さんが来たと喜ぶようになって（笑）」。

学校に行っては栄養士と話をし、先生と話をし、子どもたちと給食を食べた。「もちろん、自分が食べる給食の実費は払うんですよ」。仕事なのに、昼休みの時間もつぶして学校に出かけて、食べる給食は有料という、う〜ん。公務員の世界は厳しい。

しかし、足しげく通って話を重ねることで、厳しい質問を重ね、区の方針に猛反対した栄養士さんのほうが逆に、率先して情報提供してくれ、笠尾係長が企画するいろいろな取り組みにも協力してくれるようになっていったという。

「私もできることはやりました。前に広報課（当時）にいたことがあり、写真を撮るのが好きだったので、カメラを持って学校に行き、写真を撮っては区の広報物に掲載したり。みんな、自分の学校の子どもたちが掲載されるのはうれしいですからね」

徐々に栄養士さんたちが協力してくれるようになってきた背景には「区が『おいしい給食』に熱心に取り組めば取り組むほど栄養士さんの立場が良くなってきたということもあると思います」と笠尾係長。それまで二の次に扱われて来た栄養士さんたちの活動に予算がつくようになり、ランチルームが整備された学校もある。給食が注目されることで、学校側、親、それに子どもたちの意識も変わっていったという。

それまでは、109人の栄養士さんは一人ひとりが一国一城の主で、どんなにいいことも黙って1校でやっているだけだったし、力量の足りない栄養士さんがいたとしてもそのままだったのだけれど、「おいしい給食」事業が始まり、まずは各校で編み出したレシピや技術、ノウハウを共有することを始め、新しい取り組みにもチャレンジするようになっていった。

新しくできた「おいしい給食担当」は1年目、役所の中でも異端児で風当たりも強かったという。突然のように発生した担当に学校教育部では予算も食われたわけで、冷たい目で見られ、「勝手にやれば」的な冷ややかな視線を常に感じていたという。そんな他人の視線をよそに、とにかくやることが多くて、笠尾係長は毎日遅くまで仕事していた。「何せ学校の数が多い。1人で109校を相手にしているとアンケートの集計ひとつするにしてもいくらやっても終わらないんです。事務量が多い。その上、新しい担当なのですべての企画を1からやらなければな

▶中島根小学校の給食の時間

らなかった」。定時が20時、というような日々だった。もくもくと遅くまで働く姿を1年くらい見て、ようやくまわりの雰囲気が変わってきたのだという。新しいことを始めるのは苦労が多いものである。しかし、インタビューの最後に笠尾係長はこう言っていた。

「激務でしたけどすごく楽しかったですよ。自分が今まで経験してきた契約課、広報課、文化ホールで学んだことを集大成して活かせたましたので」

当時シティプロモーション課もできて間もないタイミングで、私たちも、いきなり「おいしい給食」だと言われ、笠尾係長とは喧々囂々一緒に仕事させてもらったが、私たちも楽しかったなあと思いだす。そして、取り組み始めて2～3年目から、成果は数字で、確実に、着々と上がってきた。

マッコさんも絶賛！

取り組み始めた当初は、区のがんばりも、栄養士さんたちの地道な努力も、親にも伝わっていなければ、世間一般にも伝わっていないという実にもったいない状況が続いていた。不言実行、黙って地道に展開するのもカッコイイかもしれないが、それだけではがんばっている栄養士さんのみならず、相も変わらず足立区の子どもの話題といえば「低学力」と言われてしまう子どもたちがかわいそうだ。

せめて等身大にＰＲしようと、シティプロモーション課が協力して区のホームページに給食メニュー紹介のサイトを作ったのが２０１０年10月のこと。

これが徐々に人気のサイトとなってある出版社が目をつけ、その後紆余曲折は経たけれども、2011年夏、給食メニュー本となって書店に並ぶことになった。食材費を抑えながら、12栄養素がバランスよく取れるアイデアメニューがおいしそうな写真とともに並ぶこの本は、担当者や出版社の努力と世の中のトレンドがあいまってテレビや雑誌が相次いで取り上げてくれ、再版を重ね、現在までに7万7000部が発行されている。

私の敬愛するマツコ・デラックスさんも『月曜から夜ふかし』の中で試食し、「全部うす味なんだけど、しっかりしてんの」と紹介、「うま～い！」「足立区、スゴイな～」と「スゴイ」「ウマい」を繰り返してほめてくれた。一緒に試食した関ジャニ∞の村上信五くんは、「こんな給食、食べたことない」「足立区の子は、ええなあ」と大絶賛でレポートしてくれたのだった。普段は、足立区に関しては自虐ネタが多い足立区出身のたけしさんも『たけしのニッポンのミカタ！』の中で、足立区の給食をほめてくれた。

本が出版された2011年7月から6年間の間に、足立区の給食がテレビに取り上げられた回数は48回と、かなりの頻度であり、しかも、マツコさんもそうだが、長い時間をかけて丁寧に取り上げてくれた番組が多かった。

本が売れれば、レシピを提供した足立区には印税として5％が入り、2012年11月には足立区の全校生徒の給食にチョコレートケーキのデザートで還元することもできたというおまけまでついてきた。

そして、本の売れ行きはもちろんだが「足立区の給食はおいしいし、愛情あふれる素晴らしい取り組みをしている」ということが、足立区のお母さんたちに認識してもらえるようになっ

▶足立区おいしい給食レシピ集のサイト

たことは大きな成果だ。さらに、全国的に知られるようになったこともうれしい。おいしい給食事業は、「学力が低い」とばかり言われてきた、足立区の教育の「プラス」イメージを拡大してくれた。区としては、本の制作費はもちろん広告費も宣伝費も使ったわけではないが、マスコミの力を借りて成功した例といえる。

２０１５年からはこのほかにも、日本最大の料理レシピサイトのクックパッドの中に「東京あだち食堂」＊サイトを開設した。１８３ページからご紹介している、あだちベジタベライフを発信しながら、足立区の「おいしい給食」の発信も続けている。

もう10年近く「おいしい給食」を旗印に取り組んできてた足立区の取り組みについて、現おいしい給食担当、渋谷係長はこんなふうに話す。

「他自治体の取り組みもいろいろ聞いてみるのですが、学校として面白い取り組みをしているところはありますが、足立区ほど区・教育委員会が学校と一体となって事業に取り組んでいるのは他では聞いたことがありません。それが各校の取り組みにもつながり、具体的な成果にもつながっているのではないでしょうか」

２００８年以降、「子どもたちにとって食は重要」という考え方にぶれはない。２０１７年度からは、中学生までに簡単なごはんをつくることができる子どもを育てる「食のスタンダードde元気宣言」をキーワードとして、新しい取り組みもスタートしている。

▶『東京・足立区のおいしい給食室』

＊「東京あだち食堂」＝累計アクセス数は約38万回、給食メニューの中の一番人気は「節分の豆を簡単アレンジ！きなこ豆」で、アクセス数は約２万１０００回（２０１７年６月現在）

野菜をちょい増しって?――狙いを定めて取り組む

足立区の衛生部には、「こころとからだの健康づくり課」というちょっと長い名前の課があり、ここにキーマンがひとりいる。馬場優子さんという。私が足立区役所の職員となった8年前、彼女は専門職として保健師をしていた保健センターから、ちょうど本庁勤務に変わり、衛生部保健予防課のこころといのち支援担当係長となってまだそれほど年月が経っていないころだった。一見穏やかで柔和に見えるけれど、当時から、まっすぐで強い思いを持ち、いくつかの仕事をご一緒させてもらってきたが、常に思いはぶれず、ときにはぶつかることもあったけれど彼女の仕事は着々と成果を上げている。現在は、こころとからだの健康づくり課をひきいる課長として11名をひっぱり、区内外をアクティブに駆け回る。彼女が思いを強くしたエピソードから紹介したい。

自殺は防げる。でもひとつの部署だけでは救えない

「中央本町保健センターで保健師をしていた2000年のクリスマスイブの夕方、以前に担当していたことのある、区民の男性が来られました。いつもと違ってスーツを着込んで、『馬場さんにはずいぶんお世話になったから、お礼を言いたくて来たんだ』と言うのです。担当地域が変わっていたこともあり、特に中へ招き入れることもせず、立ち話で『わざわざご丁寧に』

と言って別れたのですが、年が明けてからその方が、私のところに来られた夜に自殺されたことを知りました。『自殺は個人の問題』『あなたは良くやっていた』と回りからは言われましたが、自分の中では『本当にそうなのか。なすすべはなかったのか』と違和感が残ったままでした。しかしその後、精神保健を担当する保健予防課地域支援担当係長だった２００８年、自殺対策に取り組むＮＰＯ法人ライフリンクの清水康之代表の講演を聞き、『自殺する人には平均して４つの悩みがあり、そこに遡れば自殺は防げる』という話を聞いたのです。目からウロコが落ちる思いでした。当時、足立区の自殺者数は23区トップ。そこから取り組みが始まりました」

1章でも述べたように、都営住宅が多く生活保護世帯も多い足立区では、貧困層も少なくない。貧しくても楽しく暮らしている人も多いし、貧困が必ずしも自殺につながるわけではないが、つながることもあるのは事実である。

講演の中に、「自殺した人の72％は、亡くなる前に何らかの相談窓口に行っている」という話があったという。つまり、多くの人が、亡くなる前に助けを求めている。といっても「死にたい」という直接的な相談ではない。「借金がある」「病気が深刻」「子育てが大変だ」「介護が大変」……相談者が語る、そのひとつひとつの窓口で気付き、次の窓口につなぐために彼女はまず庁内の連絡会を立ち上げた。「一部署だけでは救えないのです」。

しかし、当初は、「それは保健所の仕事じゃないのか」「忙しいから欠席」など、受け入れてもらえないことも多かったという。そんな相手に対してもあきらめず、何度でも足を運んで話をした。

自殺者が多い足立区の、その内訳を見てみると、いくつかの特徴が浮かび上がってきた。男性の40代～60代が圧倒的に多いが、中でも単身で、失業者となるとより多くなる。「こういう人は区役所で待っていても来ないんです」（馬場課長）。

出会える場所はどこかと考え、ハローワークで相談会を始める。「死にたい人はハローワークになんか来ないよ」と言う人もいた。でも、「生きたいと死にたいは裏腹なんです」と、腹を据え、彼女は乗り出した。

こころと法律の相談会（現・雇用・生活・こころと法律の総合相談会）をスタートしたのは、2009年のことだ。自殺をターゲットとしながら、表向きには、さまざまなジャンルの悩みに応えようとするこの相談会は全国初の試みだった。

相談会では、気になる相談者には保健師が対応し、つっこんで話を聞くという。

「眠れていますか？」という質問から、2週間以上眠れていないということがわかれば、自殺願望の有無まで話を進める。「消えちゃいたいと思うことはありますか？……」。あると答える人には頻度を聞く。ある男性には、「手段は考えているんですか？」と聞いた。その男性は、薬を100錠ためましたと答えたという。「申し訳ないけど、その薬、私に預からせてもらえませんか」……。次の夏は来ないと思って、夏が終わったときに夏の洋服をすべて捨てたと話した人もいたという。

馬場課長に話を聞いていると、何を聞いても実にたんたんと話す

▶相談会チラシ

のだけれど、「死にたい」という本音を漏らす人に向き合うには、相当の覚悟が必要だろう。ひとりの相談者をめぐって衛生部も就労支援課も福祉事務所も、担当者が頭をつき合わせて必死に対策を練り、講じる、ということを、相談会をひとつのきっかけとして、スタートした。

２０１２年からは、相談会に来た人の中から、さらに、寄り添っての支援が必要と思われる人に対し、経験豊富な専門家を「パーソナル・サポーター」として派遣する事業もスタートした。２０１４年度の相談会は４回実施し、合計１７２名の相談を受けた。そのうち約１００名程度にパーソナル・サポーターが支援を行っている。

２００９年度に相談会をスタートし、２年後の２０１１年度からは、相談会後の月には確実に自殺者数を減らす成果をあげるようになり、足立区の自殺者数は現在に至るまで、減少を続けている。派遣切りにあった人たちを日比谷公園で保護した年越し派遣村が話題になった２００９年を経て、自殺者数が急増した１９９８年から２０１４年までの自殺者数の推移を見ると、足立区では26・４％の減となっている。近年、自殺が課題ととらえられるようになり、全国的に少しずつ減ってはきているのだけれど、全国の減少率は23％、東京都の減少率は10・８％なので、足立区の健闘ぶりがおわかりいただけるのではないだろうか。

相談会以外にも、さまざまな施策を次々と展開してきた。

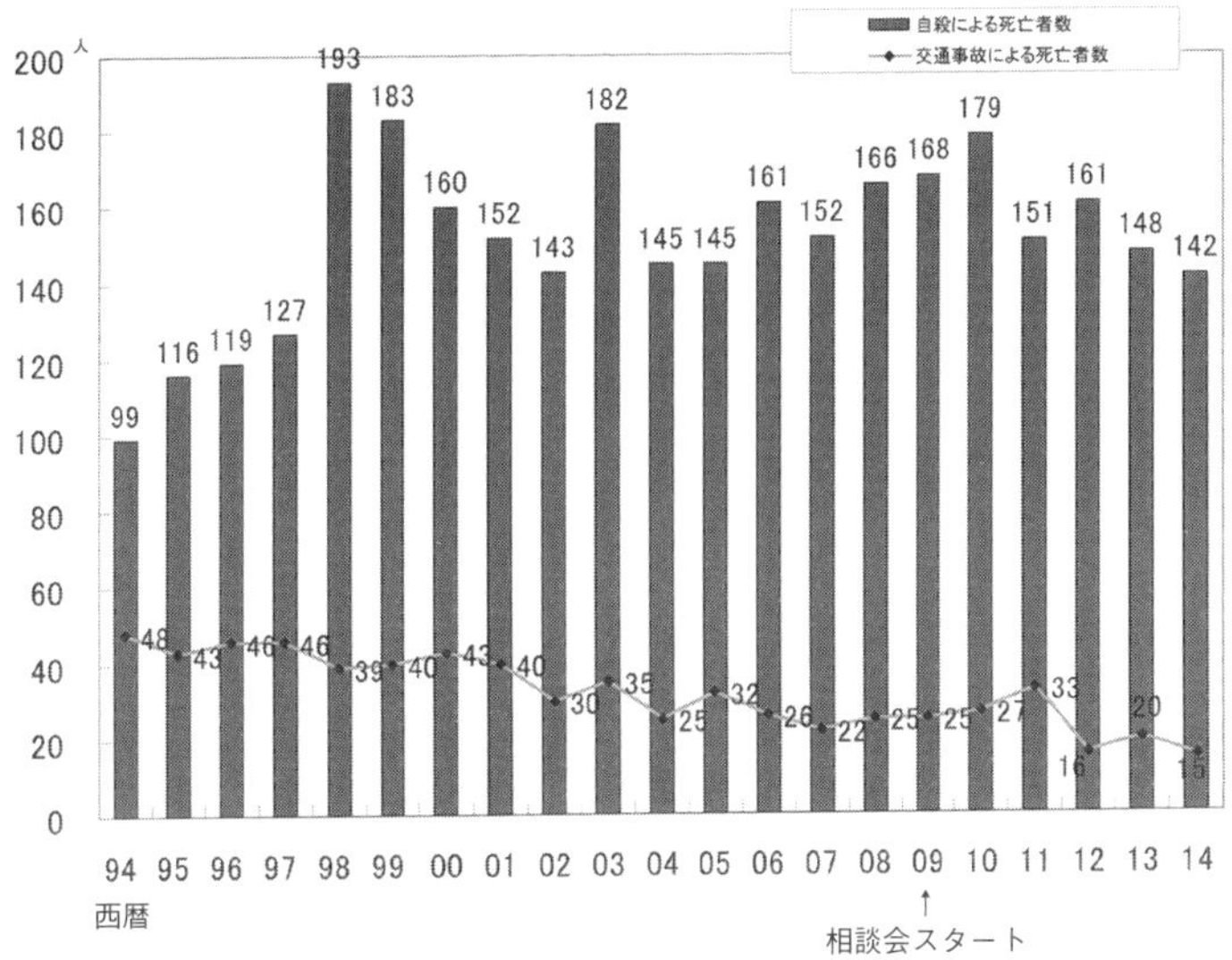

▶足立区の自殺者数の推移（人口動態）

たとえば、自殺を水際で食い止める人材を育てる「ゲートキーパー研修」は、足立区の職員約3300名のうち、延べ4401人が受講している。また、区民や医療機関向けにも随時開催しており、これまでに2005名が受講した（2016年3月末現在）。

世代別のアプローチとして、40歳前健診時に、「眠れていますか？」の質問をしたり、若い世代向けには、自殺をテーマにした歌『あかり』を歌う音楽ユニット「ワカバ」のライブを組み込んだ都立高校への出前授業を行った。*

『あかり』は、「ワカバ」の20代の女性ファンが自殺したことをきっかけに、メンバーの強い思いから生まれた歌だという。曲に合わせたアニメーション映像は、線画だけで描かれた実にシンプルなアニメーションだが、まわりのちょっとした不用意さに傷つき、自分の殻に閉じこもっていってしまう人が描かれており、アニメなのに、「ある、ある」という感じがして、一緒に流れるメッセージソングと合わせて、何度見ても涙がこみ上げる映像だ。今もインターネット上で見ることができるので、ぜひ検索して、見てみてほしい。

そんな多方向からの取り組みを経て足立区では、2016年度からは「くらしとしごとの相談室」を常設で設置することとなり、衛生部に変わって福祉部のくらしとしごとの相談センターが主担当課として、寄り添い支援事業を担当することになった。この事業については、もちろん、馬場課長たちも自殺対策の担当として週に一度の事例検討会に出席し、連携をとりながら自殺対策を進めている。

「自殺って特別な人のことと思ってしまうけれど、決してそうじゃない。今、目の前にいるこの人が、もしかしたら自殺するかもしれない、他にも悩みがあるかもしれない。そういう視点

＊出前授業＝学校側からの要請に基づき、区内都立高校を一巡した後、区内のほとんどの区立中学校へも出前授業に行った。すべての学校でライブを行うことはできないが、「あかり」の曲に合わせたアニメーション映像の上映は必ず行い、「自分を大切にしよう」というメッセージを届けている

を少しだけ持ってもらえたら、区でやってる仕事はすべて自殺対策になると思うのです」。馬場課長は誰に何を言われても、そう、言い続けているのである。

足立区民は野菜が足りない！

自殺対策に思いを込めて来た馬場課長は、その後、もう少し広い範囲で区民のこころとからだの健康を考える「こころとからだの健康づくり課」の課長となっている。

1章でご紹介したように、2013年の広報紙の一面で「足立区民の健康寿命は都平均より約2歳短い」ことを大々的に訴えたが、2013年度から足立区は、「糖尿病」に焦点を絞って区民の健康づくりに乗り出した。

というのも、2001年度にスタートした「健康あだち21」という施策では、11分野にわたり、幅広い対策を打ってきたが、総花的すぎて、区民の健康状態を本質的に改善することができなかったという反省があった。その後の調査により、1人当たりの糖尿病の医療費が23区でもっとも多い（2013年当時）こと、健康寿命が都平均より約2歳短いこと、そして区民の中に健康格差があること、などが浮き彫りになってきた。糖尿病に関しては、健康無関心層が少なからずいて、重症化するまで放置する傾向があることなどがわかってきた。

「そもそも健康に関心を持っている人はウォーキングもすれば健康教室にも参加します。問題なのは、健康にお金や時間を費やす気のない人たち。貧困などが要因の場合もあるでしょう。ですから、足立区に住んでいれば自ずと健康になれる、そんな取り組みをしたいと考えたのです」。馬場課長はそんな風に話す。

そして糖尿病発症の予防に効果があるとされる「野菜」を食べることを最重点テーマに掲げ、1点突破の信念をもって取り組みをスタートした。

2013年当初は「色々な病気の人がいるのだから糖尿病だけなんてダメだ」という指摘を受けたこともあったという。しかし馬場課長は、「糖尿病はきっかけであって、対策として野菜に取り組むことであらゆる生活習慣病を減らしていく」と気概をもって当たってきた。

「あだちベジタベライフ～そうだ野菜を食べよう～」のキャッチフレーズのもとに、ロゴマークを作成、『あだち広報』のみならず、さまざまな媒体で情報発信するとともに、6月の食育月間を中心に、区が主催の野菜料理教室や講習会などを開催することとした。国の野菜の摂取目標が1日350グラムであるのに対し、足立区民の摂取量は254グラム（2013年区独自調査）と、100グラム足りないこともたびたび訴えている。もちろん、学校でも、野菜を意識した取り組みを行い、月に1度は給食に「野菜の日」を設けているほか、保育園で野菜の調理体験や高校に出向いて食事のアドバイスなども行う。

しかし、そもそも区だけでできることは限られているという思いから、初期から特に、パートナー探しに力を入れてきた。そのひとつが「あだちベジタベライフ協力店」だ。

区が作成したロゴマークを使ったＰＯＰやポスターなどを使っていただき、「あだちベジタベライフ協力店」であることを店頭で表示、野菜たっぷりメニューや旬の野菜などをお店でＰＲしていただく。1店舗1店舗に声をかけて協力を依頼し、2013年当初、数店舗からスタートしたこの取り組みは、今では区内598店まで広がった（2018年1月末現在）。当初は

▶あだちベジタベライフのロゴマーク

担当の職員が、後には国の緊急雇用対策事業を活用して店を回るスタッフを雇用するなどして店舗数を増やしていった。飲食店や総菜店など、区内にある約6000店のうち1割程度が協力店となっていることになる。1割というのはかなりの多さで、私は職員なので意識しているということもあるかと思うが、食事に出かけて「あだちベジタベライフ協力店」のマークを見かける機会は多い。また、野菜を中心とする卸売市場、北足立市場とも、2013年の12月に「あだちベジタベライフの事業協力に関する覚書」を締結。

6月の食育月間には「ちょい増し野菜」のキャッチフレーズで、普段の食事に野菜をちょっとだけプラスしようと、ソーセージのはさまったパンにレタスがちらりとのぞく美味しそうなホットドッグにかぶりつく男の子をモデルとして、POPやポスターなどを作成した（2015年）。これらを「あだちベジタベライフ協力店」のみならず、野菜の摂取量が一番少ない若い男性層がよく利用するファミレスやコンビニにも設置をお願いした。ファミレスのテーブルに置かれた、「ちょい増し」のPOPを見た人がサラダを追加注文してくれるよう、短い言葉で野菜が重要であることをわかってもらえるよう、工夫した。

この取り組みを一緒に担って来た、私のいるシティプロモーション課のJ係長は、とにかくほとんど席にいない。セブン-イレブンに行ってきます、アリオに行ってきます、吉野家に行ってきますと、昼間は出かけてばかりで、役所の職員というより大手メーカーの敏腕営業マンのごとしである。何年かおつきあいを続け、とうとう2017年1月には、足立区とセブン&アイグループ3社*で、あだちベジタベライフの推進を含む、区政全般に係る包括連携協定を締結するところまで至った。今や行政も、結果を出すために、個店や企業と手を組むことをい

▶ガストのテーブル上の「ちょい増し野菜」POP

*セブン&アイグループ3社＝セブン-イレブン・ジャパン、イトーヨーカ堂、セブン&アイ・フードシステムズ

とわず、行政側から積極的なアプローチも必要な時代なのだと思う。

　各方向から、ぶれずに「野菜を食べよう」「野菜から食べよう」の1点に絞ってきたことで、最近、まちの方から「孫が『野菜から食べるんだよ』と言うようになった」などの声も聞くようになり、成果が現われ始めている。

　2015年には、区民の健康寿命が男女ともに約1歳のび＊、2010年に約2歳あった都平均との健康寿命の差が、2015年には、男性1・66歳（0・31歳縮小）、女性1・25歳（0・69歳縮小）と着実に縮まっていることが分かり、2017年「第6回　健康寿命をのばそう！アワード」（厚生労働省）で、健康局長優良賞（自治体部門）を受賞した。


　最後に、馬場課長の現在の思いを紹介したい。

「足立区が取り組んでいる『糖尿病』は、足立区の健康格差を解消する要だと考えています。これまで私が取り組んできた自殺にせよ糖尿病にせよ、ある意味、貧困が背景にある場合もあります。ですが、私がいちばん問題だと思うのは『関係性の貧困』です。お金がなくても人間関係があれば『死』を選ぶことはない。人間は、助けたり助けられたりできる生き物なので、貧しくても笑っていられる人はいっぱいいます。絆がない人、親兄弟がいたとしても孤立してしまっている人が一番重症です。これから区で取り組んでいく生活困窮者の問題も、金銭面だけ見るのではなく『社会的に孤立していないか』に目を向けていく必要があると思っています」

　足立区の、区民の「こころとからだ」へのチャレンジは、まだまだ続く。

▶イトーヨーカドーの店舗ではポスターやミニのぼりでPR

＊「厚生労働省健康寿命の算定プログラム」により、0歳の平均自立期間を区が算出

おわりに

北千住駅にほど近い、昭和初期に建てられた、瓦屋根がきれいな家にひとめぼれして、大家さんを探し、お借りして住むようになって、もう十数年が経つ。夫と二人で暮らし始め、きままな二人暮らしのころは、地域の仲間とつくっていた『町雑誌千住』の編集会議の場所になったり、ただ集まって飲み会をしたり、いろいろな人が出入りする家だった。その後、夫の両親が富山から出て来てくれ、一緒に暮らしたこともあった。2人の子どもを授かり、近所の同世代の子どもたちと、路地も神社も我が家の庭であるかのように遊ばせてもらった。子どもたちは日々成長し、受験生になったり思春期になったり、悩みも多いが、この家で千住暮らしを続けている。

私の家は、日暮《ひぐらし》たきさんという女性がお産婆さんをされていた家で、長く暮らしていると「ここで赤ちゃんを産んだの」というゆかりの方などに声をかけられることも少なくない。腕のいい大工さんが建てた家だと聞いていたが、1年ほど前に「親父がこの家を建てました」という90歳のおじいちゃまが、遠く茅ヶ崎から足を運んでくださり驚いた。お父さんはお酒が好きで47歳で亡くなったそうだが、自分が建てたこの家のことは自慢で、息子にもよく話してくれたそう。うちの今の大家さんは私よりずっと年下の、たきさんのひ孫にあたる女性だが、手のかかるこの家を大切に守っておられ、自分のことや私と出会ったこともひっくるめて「おばあちゃん（たきさん）は持って**い**る」と言う。運なのか縁なのか、この家はおばあちゃんの持ってるものに守られていると感じるそうだ。

まちは、そんなさまざまな運や縁が過去から未来までたくさんからみあってできている。足立区はそんな運や縁をばっさり切るのでなく、大切にしながら発展しつつあるまちだと思う。それがいい。

原稿を書き上げるのに1年以上、かかってしまった。その間にも足立区はどんどん変化していて、ぜひ取り上げたいと思う面白い動きが始まったり、逆に消えていったものもある。

区の取り組みに関しても、たとえば3章で取り上げた「ビューティフル・ウィンドウズ運動」では、刑法犯認知件数はどんどん下がってきていたが、２０１７年はいろいろな要因が重なり増加して久しぶりに23区ワーストワンに返り咲いてしまった。しかし複数の対策を集中的に行った結果、大きく数字を下げ23区中6位にまで回復した（２０１８年1・2月単月）。きちんと狙いを定めて取り組めば、まちは変えることができるのだと手応えを感じる。

足立区は今、発展途上、現在進行形の区なので、日々動きがあるし、原稿を書いた時期がまちまちだったので、すでに多少の変化があることをゆるしていただきたい。そして、書いているうちにあれも書きたいこれも書きたいとアイデアは増えるばかりで書ききれなかったコトもたくさんあるが、少しはおわかりいただけただろうか、今なぜ足立区が注目され、人気のまちとなりつつあるのか。

マイナス「イメージ」からスタートした。だからこそ、プラスの「実態」を見つけるとどきどきする。マイナスからプラスへの「変化」の振り幅の大きさにわくわくする。マイナスだということが、がんばるエネルギーになる。マイナスからのスタートって案外悪くないかも？　もし自分が住むまちに「何もない」とか「マイナスイメージばかり」という方がおられたら、足立区の歩みは少し参考にしていただけるかもしれない。

有名な観光名所もほとんどないかわりに、ふつうの暮らしがあふれていて、肩ひじはらなくてもよくて、自分のまちが大好きな人が多くて、まちで飲んだり食べたり、ときにはゴミを拾ったり、ときには何かを始めたり。これからも、このまちを楽しみながら、大好きなものを守ったり育てたりするささやかな一助になれるといいなあと思います。

２０１８年４月

舟橋左斗子

＊参考文献

図録　あだち物流のひみつ／図録　東京東部のおもちゃづくり／図録　スイーツランドあだち／図録　写真に見る足立の交通誌／図録　美と知性の宝庫　足立／図録　千住の美術／図録　千住の琳派／図録　大千住展／図録　地口行灯の世界／足立区立郷土博物館　常設展示図録（足立区郷土博物館）／図録　江戸四宿（特別展江戸四宿実行委員会）／数字で見る足立／健康あだち21第二次行動計画／足立区糖尿病アクションプラン／あだち都市農業振興プラン／足立の今昔／足立の歴史／足立の史話　勝山準四郎著（足立区）／ブックレット足立風土記（足立区教育委員会）／千住宿民俗誌　佐々木勝・佐々木美智子著（名著出版）／平成28年度東京都の地域・区市町村別農業データブック（東京都農業会議）／昭和30年代・40年代の足立区　足立史談会監修（三冬社）／荒川放水路物語　絹田幸恵著（新草出版）／江北村と足立　矢萩三保三著（足立史談会）／荒川の五色桜　樋口惠一著（東京農大出版会）／江北の五色桜（江北村の歴史を伝える会）／千住　繪馬壽著（東京美術）／江戸の骨つぎ　名倉弓雄著（毎日新聞社）／千住いえまち（千住いえまち）／町雑誌千住（町雑誌千住編集室）

＊写真・イラスト・資料協力

柏原文恵　武居厚志　シゲタリエ　足立区　足立区立郷土博物館

◎著者プロフィール
舟橋 左斗子（ふなはし・さとこ）
大阪生まれ。兵庫県立西宮高校、大阪大学人間科学部卒業後、広告代理店に約10年勤務。その後、独立してフリーライター・フリー編集者に。1993年、結婚を機に足立区千住に暮らしはじめる。2010年、足立区が23区初のシティプロモーション課を創設、任期付職員（シティセールス担当係長）として5年間勤務。2015年より同課専門非常勤職員。中学生と高校生の2児の母。

足立区《あだちく》のコト。
2018年5月14日　初版第一刷

著　者　舟橋左斗子 ©2018
発行者　竹内淳夫
発行所　株式会社 彩流社
〒102-0071 東京都千代田区富士見2-2-2
電話　03-3234-5931
FAX　03-3234-5932
http://www.sairyusha.co.jp/

編集　出口綾子
装丁・イラスト　川越 亮
印刷　モリモト印刷株式会社
製本　株式会社難波製本

Printed in Japan　ISBN978-4-7791-2448-8 C0030
定価はカバーに表示してあります。乱丁・落丁本はお取り替えいたします。